化学工业出版社"十四五"普通高等教育规划教材

大学体育与健康 上 册

第三版

宿 元　朱元明　主 编

刘正琦　仲伟海　副主编

DAXUE
TIYU YU
JIANKANG

U0331428

化学工业出版社

·北京·

内容简介

《大学体育与健康 上册》(第三版)旨在满足当前大学生的体育运动需求,重点培养学生的竞争精神、规则意识、团队精神以及责任感和公平观念。本书不仅涵盖了体育与健康的基本理论,阐明了体育及高校体育的重要性,还探讨了体育运动的科学基础、科学锻炼与康复保健、健康标准与评估以及体育竞赛的组织与观赏。此外,书中还介绍了多种传统的体育项目,包括田径、武术、太极拳等,帮助学生全方位了解和掌握这些运动项目的技巧和方法。

本书通俗易懂,适合高等院校师生教学使用,对于体育爱好者也有指导作用。

图书在版编目(CIP)数据

大学体育与健康. 上册 / 宿元,朱元明主编 ;刘正琦,仲伟海副主编. -- 3 版. -- 北京 : 化学工业出版社,2024. 10. --(化学工业出版社"十四五"普通高等教育规划教材). -- ISBN 978-7-122-46381-4

Ⅰ. G807.4;G647.9

中国国家版本馆 CIP 数据核字第 202430ZD29 号

责任编辑:刘丽菲

责任校对:王 静　　　　　　　　装帧设计:张 辉

出版发行:化学工业出版社(北京市东城区青年湖南街 13 号 邮政编码 100011)

印　　装:河北延风印务有限公司

787mm×1092mm 1/16 印张 7½ 字数 176 千字 2024 年 10 月北京第 3 版第 1 次印刷

购书咨询:010-64518888　　　　　　售后服务:010-64518899

网　　址:http://www.cip.com.cn

凡购买本书,如有缺损质量问题,本社销售中心负责调换。

定　价:29.80 元

《大学体育与健康 上册》(第三版)

编写人员名单

主　　编　　宿　元　　朱元明

副 主 编　　刘正琦　　仲伟海

编写人员　　宿　元　　朱元明　　刘正琦

　　　　　　仲伟海　　苏庆伟　　王仲春

大学体育课程是学校体育教育的核心内容，是高等教育课程体系的重要组成部分，也是实施大学生素质教育和培养全面发展人才的重要途径。为贯彻新时代高校体育教育思想，进一步强化高校体育课程建设，使大学生在体育教学中充分提高体育素养、运动技能和身体素质，加强体育课程的思想品德教育功能，促进大学生身心的和谐发展并养成"终身体育"意识，作者团队对本教材进行了再版，力求在知识传授、能力培养和价值引领上发挥作用。

本教材的编写以"健康第一"为指导思想，以"增强体质、享受乐趣、健全人格、锤炼意志"的培养目标为引领，注重教材在培养大学生体育理论知识、健康生活知识、运动实践技能和运动习惯中的作用，在符合新时代高等学校体育教育发展的要求下充分考虑学生对于体育的爱好、兴趣和需求，将基础性、实用性以及兼具娱乐性的内容编入教材中，用通俗易懂的文字配合大量的图片和案例，使学生全面地了解体育的理论知识、体育与健康的联系以及科学参加各种体育运动的方法。同时，还将社会责任感、竞争精神、团队精神、规则意识、公平观念等思政教育元素有机融入体育与健康知识、运动技战术与规则等内容中，力求充分发挥本教材在体育课程思政教育功能中的作用。

本教材主要包含了体育与健康理论和运动实践两个方面的内容，分上下两册进行介绍。在体育与健康理论部分，着重介绍了体育与健康的基本理论知识、科学锻炼与康复保健知识、健康标准与测评方法以及体育竞赛的组织与欣赏等内容；在运动实践部分，主要介绍了田径、武术、太极拳、足球、篮球、排球、乒乓球、羽毛球等传统运动项目以及体适能、极限飞盘、定向运动等新兴运动项目的运动技术、战术及相应的练习方法等内容。读者通过本教材可以充分了解体育与健康的内在关系以及科学参与体育活动的方法。

本教材由宿元、朱元明、刘正琦、仲伟海、苏庆伟、王仲春等六位教师共同编写。由于编写经验有限，且时间紧迫、人力不足，书中难免有不足之处，恳请专家和同行给予批评指正。我们将认真总结经验，与时俱进，开拓创新，不断完善教材，使其成为体育教学的可靠指南，为进一步提高本科体育教学质量奠定坚实基础。

编者

目录

第六章　武术运动　　　　　　61

第七章　太极拳　　　　　　92

参考文献　　　　　　110

·绪论·

第一节　体育的概念及其功能

一、概念

体育的广义概念是指以身体练习为基本手段，以增强人的体质，促进人的全面发展，丰富社会文化生活和促进精神文明为目的的一种有意识、有组织的社会活动。它是社会总文化的一部分，其发展受到一定的社会政治和经济制约，并一定程度上为社会的政治和经济服务。它分为竞技体育、休闲体育、大众体育和医疗体育。

竞技运动亦称"竞技体育"，指为了战胜对手，取得优异运动成绩，最大限度地提高个人、集体在体格、体能、心理及运动能力等方面的潜力所进行的科学的、系统的训练和竞赛。竞技运动包含运动训练和运动竞赛两种形式。当今世界所开展的竞技运动项目是社会发展的产物，普遍开展的项目有田径、体操、篮球、排球、足球、乒乓球、羽毛球、举重、游泳、自行车等。各国、各地区还有自己特殊的民族传统项目，如中华武术，东南亚地区的藤球、卡巴迪等。其发展与国家、地区的政治、经济、文化教育、科学技术密切相关。

休闲体育是指在余暇时间或特定时间所进行的一种以愉悦身心为目的的体育活动。具有业余性、消遣性、文娱性等特点。其内容一般有球类游戏、活动性游戏、棋类以及传统民族体育活动等。按活动的组织方式可分为个人的、家庭的和集体的；按活动条件可分为室内的、室外的；按竞争性可分为竞赛性的和非竞赛性的；按经营方式可分为商业性的和非商业性的；按参加活动的方式可分为观赏性活动和运动性活动。

大众体育亦称"社会体育""群众体育"，是愉悦身心，增强体质，防治疾病和培养体育后备人才，在社会上广泛开展的体育活动的总称。开展群众体育活动应遵循因人、因地、因时制宜和业余、自愿、小型、多样、文明的原则。广泛开展群众性体育活动，是发挥体育的社会功能的重要途径。

医疗体育是指运用体育手段治疗某些疾病与创伤，恢复和改善机体功能的一种医疗方法。与其他治疗方法相比，医疗体育是通过神经反射机制改善全身机能，达到增强体质，提高抵抗力的目的。通常采用医疗体操、慢跑、散步、自行车、气功、太极拳和特制的运动器械（如拉力器、自动跑台等），以及日光浴、空气浴、水浴等治疗手段。

狭义的体育概念是指通过身体活动增强体质，传授锻炼身体的知识、技能，培养道德和意志品质的有目的有计划的教育过程。

二、功能

体育的功能，包括健身、娱乐、教育、经济和交流等。

（1）健身功能　具体体现在，体育运动能改善和提高中枢神经系统的工作能力；能促进机体的生长发育，提高运动系统的能力；能使内脏器官机能得到提高；可以提高人体的适应能力；可以防病治病，提高人体免疫能力。

（2）娱乐功能　体育所具有的娱乐功能，主要通过两方面表现出来：一是体育本身所特有的魅力；二是人们参加体育运动所获得的乐趣。

（3）教育功能　体育所具有的教育功能，有两个方面的含义：一种是具有典型意义的学校基本教育；另一种是具有泛指意义的社会教育。

（4）经济功能　体育是人的活动，特别是体育成为一种很多社会成员参加的经常性活动后，总是在一定物质消费的基础上进行，必然要消耗一定的人力、物力和财力。因此，与体育活动相关的服装、器材、装备和体育场地设施等就会随之而产生，体育服务等社会经济行业就必然出现。

（5）交流功能　在体育运动过程中，能增强人与人之间的交流和交往，增强人与人之间的相互了解，改善人际关系。国际间的体育交往，还能够促进国家与国家之间、不同民族之间的相互了解和相互信任，有利于人类社会的和平与发展。

第二节　高校体育的作用和目标

高校体育是大学生以身体练习为主要手段，通过合理的体育教育和科学的体育锻炼过程，达到增强体质、增进健康和提高体育素养为主要目标的公共必修课程，是学校课程体系的重要组成部分，是高等学校体育工作的中心环节，是思想品德教育、文化科学教育、生活与体育技能教育与身体活动有机结合的教育过程，是实施素质教育和培养全面发展人才的重要途径。

一、高校体育的作用

（1）高校体育的身体教育作用　全面锻炼学生的身体，促进身体形态结构、生理机能和心理发展，提高身体素质和人体基本活动能力，提高对自然环境的适应能力；使学生掌握体育的基本知识、技术和技能，学会科学锻炼身体的方法，养成经常锻炼身体的习惯，提高自我锻炼的能力，使之终身受益。

（2）高校体育的德育作用　例如：对方犯规时，是毫不计较，还是以牙还牙；集体配合不够默契出现失误而最终比赛失利时，是相互鼓励，还是相互抱怨；对裁判员的误判是大方宽容，还是斤斤计较；比赛胜利时，是骄横自大，还是认真总结经验，戒骄戒躁。这都是培养集体主义感和大局为怀优良品德的教育过程。

（3）高校体育的爱国主义教育作用　在体育教学中通过让学生欣赏大型体育运动会比赛，观看我国运动员为国拼搏、为国争光，在赛场上升国旗、奏国歌的动人场面，讲述优秀运动员刻苦训练、顽强拼搏的感人事迹，能够激发他们的爱国热情，增强其民族自尊心和自豪感，对大学生是很好的爱国主义教育。

（4）高校体育的心理教育作用　体育运动可以陶冶情操，培养勇敢、果断、坚毅、自信心、自制力、进取心和坚韧不拔的意志品质。紧张而激烈的竞赛对人的心理既是严峻的考验，也是修炼和培养良好心理素质的时机。

（5）学校体育的智力教育作用　通过体育教学和身体锻炼，学生可学习和掌握一定的体育知识、技能和技术，并使思维力、记忆力、观察力、想象力等各种能力得到发展。

二、高校体育课程的目标

1. 基本目标

（1）运动参与目标　积极参与各种体育活动并基本形成自觉锻炼的习惯，基本形成终身体育锻炼的意识，能够编制可行的个人锻炼计划，具有一定的体育观赏能力。

（2）运动技能目标　熟练掌握两项以上健身运动基本方法和技能，能科学地进行体育锻炼，提高自己的运动能力，掌握常见运动创伤的处置方法。

（3）身体健康目标　能测试和评价体质健康状况，掌握有效提高身体素质、全面发展体能的知识与方法；能合理选择人体需要的健康营养食品；养成良好的行为习惯，形成健康的社会行为方式；具有健康的体魄。

（4）心理健康目标　根据自己的能力设置体育学习目标；能自觉通过体育活动改善心理状态，克服心理障碍，养成积极乐观的生活态度；运用适宜的方法调节自己的情绪；体验运动的乐趣。

（5）社会适应目标　正确处理竞争与合作的关系。

2. 发展目标

（1）运动参与目标　形成良好的体育锻炼习惯，能独立制订运用于自身需要的健身运动处方；具有较高的体育文化素养和观赏水平。

（2）运动技能目标　积极提高运动技术水平，发展自己的运动才能，力争在某个运动项目上达到或相当于国家等级运动员水平，能参加有挑战性的野外活动和运动竞赛。

（3）身体健康目标　能选择良好的运动环境，全面发展体能，提高自身科学锻炼的能力，练就强健的体魄。

（4）心理健康目标　在具有挑战性的运动环境中表现出勇敢顽强的意志品质。

（5）社会适应目标　形成良好的行为习惯，主动关心、积极参加社区体育事务。

三、大学生终身体育教育

终身体育是指一个人终身进行体育锻炼和接受体育教育依据终身体育的观点，体育将持续人的一生，它是学前体育、学校体育和社会体育等体育教育层次构成的终身体育教育。

终身体育不仅是人们个体发展的需要，也是提高全民族体质的需要，更是全人类社会发展的共同需要。联合国教科文组织 1978 年通过的《体育运动国际宪章》第二条第一款指出："必须由一项全球性的民主化的终身教育制度来保证体育运动与运动实践贯彻到每个人的一生。"

· 第一章 ·

运动的科学基础

第一节　人体运动生理系统

一、脑部与体育运动

体育运动时，大脑皮质管理思维的部分得到了休息，有利于缓解脑疲劳。体育运动还可以锻炼神经系统对疲劳的耐受能力和对外界环境的适应能力，延缓大脑衰老。体育运动还有助于推迟和减轻随衰老过程发展而出现的大脑迟钝、记忆力下降等。此外，体育运动可以使人心情愉快，而愉快的情绪对消除大脑和身体疲劳，恢复大脑的工作效率起着良好作用。

（1）**经常参加体育运动有利于大脑的发育**　体育运动使人的视觉、听觉、本体感觉、神经传导速度和神经过程的灵活性得到提高。例如，一般人从感受信号（如见到光或听到声音）到作出反应的时间是 0.3～0.5 秒，而经常从事体育运动的人只有 0.12～0.15 秒。这表明体育运动可以促进神经系统功能的提高。

（2）**体育运动可促进右脑开发与利用**　现代医学科学研究证明，人的右脑的记忆容量、形象思维能力都大大超过左脑。运动时，右脑工作占优势，因而可以促进右脑发展，有助于提高记忆力和形象思维能力。

（3）**体育运动有利于血液循环**　经常从事体育运动的人，心脑血管会更有弹性，血液循环也更加通畅。大脑需要氧气和其他营养物质，喜欢体育运动的人血液循环量比一般人高出 2 倍，这样能够向大脑组织提供充足的氧气和营养物质，使大脑功能增强，思维敏捷。

（4）**体育运动能改善不良情绪，使人精神愉快**　运动能有效预防和治疗失眠、烦躁及忧郁等症（或不良情绪）。所以，有人称运动是很好的"神经安定剂"，它能使人心理更健康，头脑更灵活。

二、人体运动的执行体系

运动系统是人体运动的执行体系，它由骨、关节（骨连接）和肌肉（骨骼肌）等器官构成。它的重量约占人体体重的 60%，运动员可超过 70%。

在运动中，骨起着支撑作用，关节（骨连接）起着枢纽作用，肌肉附着在骨上，它的收缩力作为运动的动力，牵动骨围绕着关节进行运动。肌肉是运动的主动部分，骨与关节则是运动的被动部分。

在体育运动中，各种各样复杂的或简单的动作，都是由骨、关节和肌肉来完成的，运动系统是完成动作的执行者。

1. 骨

成年人全身有 206 块骨，按部位来分：颅骨 29 块，躯干骨 51 块，上肢骨 64 块，下肢骨 62 块，青少年在骨化完成以前，骨的数目多于成年人。各个骨端借软骨、韧带或关节连接起来，全身的骨多数是成对的，少数是不成对的。

2. 关节（骨连接）

骨与骨之间的连接装置称为骨连接，即关节。骨连接分为两类：直接连接（无腔隙的骨连接）和间接连接（有腔隙的骨连接）。

3. 肌肉（骨骼肌）

肌肉（骨骼肌）是由骨骼肌细胞构成的一种组织，大多数肌肉都附着于骨上，是体内数量最多的组织。骨骼肌在人体上大多呈对称分布，形态和大小各异。

4. 体育运动对骨、关节、肌肉的影响

（1）体育运动对骨的作用　人体长期坚持体育锻炼，能加强骨组织的新陈代谢，改善骨的血液供应，对骨的生长发育、形态结构和机能都会产生良好的影响。通过对 984 名儿童，从幼儿到少年时期的运动和成长状况进行追踪研究发现，5～17 岁期间持续参加体育锻炼的孩子，进入 20 岁后的整体健康状况，特别是腿部骨骼中的矿物质含量明显优于那些不爱运动的孩子。

此外，调查结果显示，相对于单独运动，身边有人陪伴或参加团队组织的集体运动，对幼儿骨骼生长和全身发育的促进效果更加明显。

（2）体育运动对关节的作用　科学、系统的体育运动，既可以提高关节的稳定性，又可以增加关节的灵活性和运动幅度。体育锻炼可以增加关节面软骨的厚度，并可使关节周围的肌肉发达、力量增强、关节囊和韧带增厚，因而可使关节的稳固性加强。在增加关节稳固性的同时，由于关节囊、韧带和关节周围肌肉的弹性和伸展性提高，关节的运动幅度和灵活性也大大增加。

（3）体育运动对肌肉的作用　体育运动能够促进肌肉的生长发育。人在安静的时候，肌肉中的大多数肌纤维处于静息状态，肌肉中的毛细血管大多数也闭锁不开。当人在进行体育运动时，肌肉中的毛细血管大量开放（毛细血管网增加），血液大量通过肌肉，能源和营养物质源源而来，使得肌纤维变粗，肌肉的体积增大，因而肌肉显得发达、结实、健壮、匀称而有力。正常人的肌肉占体重的 35%～40%，而经常进行体力活动的人，肌肉占体重的 45%～55%。

三、人体运动管理协调保证体系

人的身体是一个整体，运动也不是运动系统自己单独完成的。运动的完成是由消化系统、呼吸系统、泌尿系统、神经系统、内分泌系统等共同协作配合完成的。

心脏在体育运动中起"发动机"作用，向器官、组织提供充足的血流量，以供应氧和各种营养物质，并带走代谢的终产物，使细胞在运动时维持正常的代谢和功能。

体育运动可以增强心肺功能，能够帮助增强身体的抵抗力。心肺功能增强之后，供给身体的气血更加充足，身体获得的能量更多，全身各部位的工作效率更高，能够增强抵抗外界刺激伤害的能力。增强心肺功能还能够帮助减少心血管疾病的发生。心肺功能强健，心脏跳动更加有力，能够使每次心跳更有效率，心室容量增加，同时，血量的增加能够有效避免血管堵塞、血压上升等。增强心肺功能，心脏、肺部的新陈代谢加速，反过来也能促进心肺功能的提高。

氧气经过运输到达各组织器官，并为各组织器官所利用，这一能力称为人体的有氧工作能力。体育运动有利于提升呼吸循环的机能，尤其是有氧运动。例如，一个完善的体适能训练计划可有效增进心肺功能。

四、人体运动过程中的供能系统

人体运动过程中的物质供应保证体系称为供能系统。其中心血管系统将由消化系统吸收的营养物质（经过肝加工）和呼吸系统吸入的氧作为动力能量原料输送到肌肉，肌肉又将运动产生的代谢物通过呼吸器官（肺和呼吸道）、消化道（肠）和泌尿系统器官（肾、输尿管、膀胱和尿道）排出体外，以保证人体运动能正常进行。

第二节 体能的类别

一、与健康有关的体能

1. 心肺耐力

心肺耐力是指一个人持续身体活动的能力。心肺和血管的功能对于氧和营养物的分配、清除体内垃圾具有重要作用，尤其是在进行有一定强度的活动时，良好的心肺功能则显得更加重要。

2. 肌肉力量

肌肉力量是指人体肌肉工作时，依靠肌肉紧张或收缩克服或对抗阻力的能力。

3. 肌肉耐力

肌肉耐力是人体长时间进行肌肉活动的能力，也可以看作是对抗疲劳的能力。

4. 柔韧性

柔韧性是指运动时关节的活动幅度或范围。柔韧性可分为动力性柔韧性和静力性柔韧性两类。

二、与动作技能有关的体能

1. 速度

速度是指快速移动的能力，即在最短的时间内移动一定的距离。如在短跑、跳跃等项目中，想取得好的成绩必须依靠速度。

2. 力量

力量是指在短时间内克服阻力的能力。

3. 灵敏性

灵敏性是指在活动过程中，既快速又准确地变化身体移动方向的能力。灵敏性在很大程度上依赖神经和肌肉的协调性和反应时间。

4. 神经肌肉协调性

神经肌肉协调性主要反映一个人的视觉、听觉和平衡觉与熟练的动作技能相结合的能力。在球类运动中，这种体能成分显得尤为重要。

5. 平衡

平衡指当运动或静止站立时保持身体稳定性的能力。如，滑冰、滑雪、体操、舞蹈等项目有利于提高平衡能力，闭目单足站立练习也有相当好的效果。

6. 反应时

反应时指对某些外部刺激做出生理反应的时间。反应快速是许多项目的要求，如在短跑的起跑瞬间，反应时的作用最大。

不同的运动专项有着不同的竞技特征，对运动员的运动素质有着不同的要求。举重主要比力量，长跑主要比耐力；柔韧性的好坏对体操运动中完成技术动作的幅度有着重要影响，协调能力则是羽毛球运动在不断变换的对抗性竞技中技战术表现的重要基础。

· 第二章 ·

科学锻炼与康复保健

第一节　体育锻炼的科学基础

人体由运动系统、循环系统、神经系统、呼吸系统、消化系统、内分泌系统、感觉器官等组成。任何体育活动都是由这些系统器官合作完成的。同时，体育锻炼也能很好地对各系统器官起到保健的作用。因此科学的锻炼是运动的前提。

一、体育运动的作用

在当今社会，城市中随处可见健身房。同样，在乡镇，每隔一定的距离就会出现一处健身场地，且健身设施齐全。在高校，学生经常处于紧张的学习状态下，适当地参加一些体育锻炼，不仅能起到休息的作用，而且还能使自己的身心得到良好的调节。众所周知，大脑是思维的器官，具有记忆、理解、分析、综合等功能，人体的一切活动都是在大脑的统一指挥下进行的。倘若持续用脑，会使记忆力下降，注意力分散，进而影响身体健康。若在闲暇之时，进行一些体育锻炼，身体机能就会得到极大的改善，从而提高身体素质，提高工作、学习、生活水平。

运动锻炼不仅能够增强体质、提高健康水平，而且能够培养人们健康合理的生活方式。对于创造文明和谐的社会环境，全面建设小康社会、构建和谐社会具有重要意义。体育是全民的而非精英的，只有全民健身的发展才是一个国家体育强盛的标志。全民健身运动为民族繁衍、提高整体民族素质、实现社会可持续发展，提供了充分的人力资源保障。在人们追求高质量生活的强烈愿望下，大众健身的普及程度将会越来越高，社会文明程度也将随之进一步加强。

二、运动健身的规律和原则

在日常生活中，经常会遇见这种情况：有些人因缺少锻炼，而导致肌肉韧带力量薄弱，机体抵抗能力下降而体弱多病；有些人因不懂锻炼身体的科学方法，本想参加体育锻炼增进健康，却不料因没做好准备活动而产生运动损伤；有些人因不懂得掌握合适的运动量，导致疲劳过度，而影响了正常的学习、生活和工作等，如此之类的例子不胜枚举。之所以出现以上不尽如人意之处，是因为忽略了一个重要的问题——科学锻炼。

科学锻炼是人们在体育锻炼实践中总结出来的经验，是参与者安排锻炼计划、选择锻炼内容、运用锻炼方法必须遵循的基本准则。每一个练习者在选择运动项目时，首先应考虑的就是该项目是否符合其个人体质状况，练习时的量与强度是否符合其身体素质，练习过程中是否满足其心理需要，能否得到全身心的发展。

1. 适宜性原则

适宜性原则是指锻炼者从个人和外界环境条件的实际出发，注重个体差异，在确定锻炼目的、选择运动项目、安排运动时间和运动负荷时，因人而异，区别对待。这是人们进行体育锻炼的根基，是锻炼效果好坏的基础。

遵循适宜性原则，需要按照锻炼者的性别、年龄、职业、健康、身体状况，对锻炼的爱好、要求和原有基础，以及生活条件等不同实际情况来确定体育锻炼。正确运用这个原则对于调动锻炼者的自觉性、积极性，提高锻炼的效果，有重要的意义。从选择锻炼的内容为例，对正在成长中的青少年与儿童，应强调全面性，以促进他们身体的全面发展；对中老年人，则要便于他们长期坚持，以保持旺盛的精力和延年益寿。又如安排运动负荷，一般以锻炼者的自我感觉和不影响正常工作、学习和生活为准。运动负荷恰当，可称为适度。

2. 自觉性原则

自觉性原则是指体育锻炼者有明确的健身目标，充分认识体育锻炼的价值，自觉、积极地从事体育锻炼活动。体育锻炼是一个自我锻炼、自我完善，并总是伴随着克服自身惰性、战胜各种困难的过程，是养成良好习惯的过程。锻炼者应把锻炼的目的与动机和树立正确的人生观联系起来，这样才有助于形成或保持对身体锻炼的兴趣，调动和发挥更大的主动性和积极性。兴趣是人们认识事物和从事活动的倾向。当一个人对一项体育活动产生兴趣时，就会对这项体育活动表现出极大的主动性和自觉性，做到身心融为一体。

3. 讲求实效原则

讲求实效原则是指选择锻炼内容、方法和安排运动负荷时，应根据个人的性别、年龄、职业、健康状况，对锻炼的爱好、要求和原有的基础，以及生活条件等实际情况来确定，按科学方法进行锻炼，以取得最佳的锻炼效果。

在体育锻炼中讲求实效，就要根据个人实际情况，制订一套适用可行的锻炼计划或运动处方，执行时应当严格，并注意阶段性的调整。选择锻炼内容时，要注意它的锻炼价值，不要追求动作的形式，以及在力所不及的情况下去从事高难度技术动作的训练，而应选择简便易行、锻炼价值大、效果好的进行练习。安排运动负荷时，一般以自我感觉舒适和不影响正常学习、工作、生活为准。

4. 持之以恒原则

持之以恒原则是指体育锻炼必须经常性进行，使之成为日常生活中的重要内容。体育锻炼对机体给予刺激，每次刺激都产生一定的作用痕迹，连续不断的刺激作用则产生痕迹的积累。这种积累使机体结构和机能产生新的适应，体质就会不断增强，动作技能形成的条件反射也会不断得到强化。体育锻炼的效果并非一劳永逸，长时间不锻炼，已经取得的效果也会逐渐消退，中断锻炼的时间越长，消退越明显。只有经常参加体育锻炼，安排适合自己兴趣、爱好的运动项目，科学地制订健身计划，并能连续、系统地实施，才能不断有效地增强体质。因此，体育锻炼贵在坚持，不能设想在短时间内取得显著效果。

要使体育锻炼持之以恒，就要根据个人能力所及，确立一个能够实现的体育锻炼目标（不宜太高），制订一个切实可行的锻炼计划（能长期坚持）。强化锻炼意识，把体育锻炼列为日常生活内容，定期保证一定的体育锻炼时间，逐步养成习惯，使体育锻炼成为生活的重要组成部分。同时，每次锻炼要安排合理的锻炼间隔。

5. 循序渐进原则

循序渐进原则是指体育锻炼必须遵循人体自然发展、机体适应的基本规律。在身体运动过程中，运动的形式、内容、方法和手段要由简到繁、由易到难，运动负荷要由小到大。在体育锻炼过程中，运动负荷的大小直接影响人体机能的变化，负荷是否适宜，对锻炼效果的好坏起很大的作用。运动负荷的大小因人、因时而异。即便是同一个人，在不同的机能状态、不同的时间，身体对负荷的承受能力也不尽相同。因此，进行体育锻炼时应循序渐进，随时调整运动负荷，逐步提高锻炼水平。

贯彻循序渐进的原则，就要力戒急于求成，必须根据锻炼者自身的实际情况确定运动负荷的大小，做到量力而行，尤其要注意锻炼后的疲劳度。运动负荷应由小到大，逐步提高。开始从事体育锻炼或中断体育锻炼后恢复锻炼时，强度宜小，时间宜短，密度适宜。一般应在逐步提高"量"的基础上，再逐渐增大运动强度。随时加强自我监督，密切注意身体机能的不良反应。锻炼开始时，重视准备活动；锻炼结束后，做好放松整理活动。缺乏一定体育锻炼基础的人，或中断体育锻炼过久的人，不宜参加紧张激烈的比赛活动。

6. 身心协调原则

人具有三种属性：自然属性、社会属性和精神属性。由于精神属性也是人的社会属性，因此，人们又把人的属性分为两个方面：自然属性和社会属性。

通常看一个人是否健康，不仅看机体状况，而且看精神状态。现代医学对各种疾病的治疗、对身体的康复判断，都是从生理、心理和社会几个方面着手；现代三维体育观强调体育的作用，要从生物、心理、社会几个方面加以考察，称为身心互制原理。根据这一原则，运动锻炼，不仅要考虑身体状况，还要考虑心态，做到身体、心情和运动的协调。

7. 全面性原则

全面性原则是指体育锻炼必须追求身心全面和谐发展，使身体形态、机能、身体素质及心理素质等方面得到全面协调的发展。人体是一个统一的整体，各器官系统的机能是相互影响、相互制约的。因此，身体任何局部机能的提高，必然可以促进机体其他部位机能的改善。不同的锻炼内容和方法在促进身体机能方面有不同的作用，同时也都有一定的局限性，所以必须以多样化的锻炼内容和方法来使身体得到全面、协调的发展。要达到这一点，一方面尽可能选择对身体有全面影响的运动项目，如跑步、游泳等；另一方面，也可以某一项为主，辅以其他锻炼项目。值得注意的是，不要过分单一性锻炼。

要做到全面锻炼，就必须保持身心的全面发展，体育锻炼的内容、方法要尽可能考虑身体的全面发展，一般以一些功效大、兴趣较浓的运动项目为主，以其他项目为辅。注意全身的活动，不要限于局部。

可以说，每条原则都是运动健身规律的组成部分。运动健身规律，是哲学基本规律——对立统一规律、质量互变规律和否定之否定规律的具体体现；同时，也是最佳健身的实际反映。我们把它概括为：适宜、适度、身心协调、整体加强。这是运动健身的基本原则，也是运动健身的规律。即运动项目、动作的选择要适宜或适合，运动负荷或运动量要适度，运动时，对身体状况和心理状态结合考虑，以身体整体加强或改善为目的。

简言之，运动锻炼，应当是对每个人既适宜又适度，针对性与整体性结合，躯体与心态相联系的运动。其实质是运动要根据实际情况而定并满足身心需要。这是运动锻炼最基本的原则，也是运动锻炼应遵循的规律。

第二节　运动锻炼与健身

一、健身认识的发展

很多年来，大部分人对健身的认识往往停留在"增强人民体质"的层面上，对健身生理功能的认可占主要方面。在现代社会，物质财富的积累为健身运动的普及和发展提供了必要条件的同时，也给人类的健康带来了许多负面影响。劳动密集型产业工人的过细分工，使局部肢体疲劳积累，进而影响大脑的清醒程度，容易出现睡眠障碍，工作效率降低；信息工作者长时间的伏案工作，使神经系统高度紧张，大脑对氧气和能量的消耗明显增多，诱发神经衰弱、新陈代谢低下等疾病，严重影响了生活质量；都市化生活带来的社会压力，使人们在交友、婚姻、工作、人际关系等诸多方面发生心理疾病的可能性大大提高。所以必须把原先的生理健身观逐渐转变成生理、心理、社会健身观。从这个视角出发，现代社会的健身运动是一种社会性的精神生产和文化消费高度统一的动态过程。各种健身方式，不论是自娱自乐的活动，还是竞技场上的激烈较量，甚至是野外探险，都是围绕满足人们生理、心理和社会的要求而进行的。

健身观念，是一种与社会可持续发展相适应的新型观念。它一方面要求实践主体的全民性，使健身成为人们的一种具有最广泛社会意义的活动；另一方面要求实践行为的终身性，并融生存、享受、发展需要为一体，使健身的发展具有最大的持续性和最佳的效果。要在符合运动规律和原则的基础上，通过科学有效的锻炼方法和手段，来体现健身运动的价值。

通过参加体育运动，特别是参加那些自己喜爱和擅长的运动项目，人们会在身体完成各种复杂练习的过程中，在与同伴默契的配合中，在与对手斗智拼搏的过程中，在征服并获得胜利后，得到一种非常美妙的生理上的快感和心理上的满足感。它可以使人产生自尊心、自信心、自豪感，满足人们与同伴交往、合作的需要。同时，由于各种运动项目的不同特点，能使人在实践中获得各种不同的愉快情绪。

二、运动锻炼对健身的具体作用

1. 运动锻炼增进健康，延缓衰老

长期坚持运动，可使各脏腑器官功能增强。由于机体充满活力，从而可延缓衰老，使人健康长寿。

一个人体质的好坏、衰老的快慢是可以控制的。实践证明：人体的发展变化，可以向不同方向发展，科学合理的生活方式可以推迟衰老，使人健康长寿，而不健康的生活方式会使人体质削弱，甚至未老先衰。

2. 运动锻炼促进个体机能的发展，提高基本活动能力

① 能改善和提高中枢神经系统的工作能力，使人头脑清醒、思维敏捷。大脑是人体的最高指挥部，人体一切活动的指令，都是由大脑发出的。大脑的重量虽只占体重的 2%，但是它需要的氧气却要由人体总血量的 20%来供应，比肌肉工作时所需血量多 15%～20%。然而，脑力劳动者长时间伏案工作，机能活动的特点是呼吸表浅，血液循环和新陈代谢缓慢。长时间进行脑力劳动会使人头昏脑胀，就是由于大脑供血不足、缺氧。

进行运动锻炼，特别是到大自然中去活动，可以改善大脑供血、供氧情况，可以促使大脑皮质兴奋性增加；兴奋和抑制更加集中，神经活动的均衡性和灵活性加强；对体外刺激的反应更加迅速、准确，大脑分析综合能力加强，整个有机体的工作能力提高。

② 促进有机体的生长发育，提高运动能力。生长是指细胞的繁殖和细胞间质的增加所形成的形体上的变化，它是人体量变的过程。而发育则是有机体各器官、系统的结构逐步完善，机能逐渐成熟的过程。

③ 促使人体内脏器官构造的改善和机能的提高。运动锻炼能使人体内能量消耗增加，代

谢产物增多，新陈代谢旺盛，血液循环加速，从而使血液循环系统、呼吸系统、消化系统、排泄系统的机能都得到改善，使为这些系统工作的器官——心、肺等，在构造上发生变化，提高机能。

3. 运动锻炼调整心情、振奋精神，进行积极性休息

运动锻炼能调节人的心理，使人朝气蓬勃，充满活力。运动能使人心情舒畅，精神愉快，可以调节人的某些不健康情绪和心理，如情绪的沮丧。美国一位心理学家发现，跑步能成功地减轻学生们在考试期间的忧虑情绪。人们还发现，有紧张烦躁情绪的人，只要散步超过15分钟，紧张情绪就会放松下来。

4. 运动锻炼有助于形成良好体形，增进形体美

长期坚持健身训练有利于少年儿童生长发育，体形健美，姿态端正；有利于青年人动作优美，体态矫健；有利于中年人延缓身体的衰退，保持良好体形。总之，健美的形体可通过运动锻炼得来。通过科学、系统的运动锻炼，不仅能够增强身体素质，提高健康水平，还能减肥，保持相对稳定的体重，使形体健美，同时能修饰和改善身材的不足，使生命力更旺盛，精力更充沛，使学习、工作的节奏更清晰、更有效。

形体美的内容很广泛，它包括体形美、姿态美和动作美。因此，形体训练也必须选择多种内容，运用多种方法。形体训练不仅可以完善体形、体态和仪表，还可以陶冶情操、美化身心。

5. 运动锻炼具有防治疾病和恢复功能的作用

（1）防治疾病功能　由于现代人类的生产和生活方式已发生了巨大变化，人类的体力劳动大量减少，出现肌肉活动量严重不足，脑力劳动量和精神负荷急剧增加的情况，大量的身心疾病也就随之出现。在人类进化过程中，肌肉活动已成为维持良好生物学状态所不可缺少的自然生理刺激因素。肌肉活动长期不足，会使机体的感受器钝化，各级控制中枢对信息的自理过程失灵。每当机体运动时，在机体内至少引起十几个因素的变化，如气体交流、血糖消耗、血液循环加强和体温调节等，肌肉活动增加了对许多系统和器官功能活动的要求，从而使一个复杂的反馈环被激活。为此，需通过各种体育活动来防病治病，调节身心，促进健康。

（2）恢复功能　运动恢复也称运动疗法，是康复医疗的重要措施之一。它是利用人体肌肉关节的活动，以达到防治疾病、促进身心功能恢复和发展的方法。它必须根据患者或残疾人的疾病诊断、病期、功能状态、康复目标等具体条件，以运动处方的形式，选择合适的运动方法，确定适当的运动量，规定注意事项等，由患者自己在医生或家属的指导、帮助下进行锻炼，以改善或提高运动能力和内脏功能，促进康复。运动疗法是一种积极的治疗，需要患者自身的积极态度才能坚持治疗，同时运动本身又能进一步提高患者情绪的积极性和锻炼的自觉性，从而更有利于患者的康复；它是一种局部和全身相结合的治疗，虽然运动疗法表

现为对局部肢体的功能训练，但同时也影响到全身脏器的功能；它是一种集保健、预防、治疗、康复于一体的疗法。

第三节　运动损伤与运动处方

一、运动损伤

1. 运动损伤的概念

健身的目的是健康，但由于不正确的锻炼方法造成运动损伤也是常见的，所以我们必须了解一些运动损伤的产生原因和预防措施。参加运动锻炼，首先要了解自己是否有不适合运动锻炼的家族病（比如哮喘等），并了解自己的身体情况，有心脏病或其他因参加运动会使病情加重的疾病，应该先治病或参加康复锻炼，之后才能参加运动锻炼。

运动损伤指运动过程中发生的各种损伤。其损伤部位与运动项目以及专项技术特点有关。如体操运动员受伤部位多是腕、肩及腰部，与体操动作中的支撑、转肩、跳跃、翻腾等技术有关。运动损伤对运动员所造成的影响是严重的，不仅影响正常的训练、比赛，妨碍运动成绩的提高，减少运动寿命，严重的还可能残疾，甚至死亡。

损伤的主要原因是：训练水平不够，身体素质差，动作不正确，缺乏自我保护能力；运动前不做准备活动或准备活动不充分，缺乏适应环境的训练，以及教学、竞赛工作组织不当。运动损伤中急性多于慢性，急性损伤治疗不当或过早参加训练等原因可转化为慢性损伤。

因此，在体育健身中，我们对运动损伤的预防应有充分的认识，需要很好地掌握运动损伤的发生规律，切实做好预防工作，最大限度地减少或避免运动损伤。同时，还应了解和掌握一些体育健身运动中常见的运动损伤的产生原因、预防与处理方法，从而使体育运动安全而富有成效。

2. 预防损伤的十个主要方法

① 加强思想教育。

② 合理安排运动的负荷。

③ 学习防止运动损伤的技术和理论。

④ 加强易伤部位的练习，热身时着重练习。

⑤ 10%增加的原则：一周内增加频率、强度、持续时间不要超过 10%，循序渐进。

⑥ 保持有氧运动和无氧运动的均衡，同时参加一些力量和柔韧练习，防止受伤。

⑦ 损伤后身体需要时间去恢复。

⑧ 吃饭前后一小时不运动，运动前不要空腹，运动前、中、后要饮足够的水。

⑨ 参加不同的训练，交叉训练以锻炼不同的肌肉群。

⑩ 根据自己的身体及时调整运动，如果某部位运动产生酸痛，可以考虑减小运动量或停止。

3. 常见运动损伤的原因及治疗

（1）肌肉、韧带拉伤

内因：准备活动不充分，肌肉、韧带的生理机能尚未达到剧烈活动所需要的状态就参加剧烈活动。

外因：场地、气温、湿度不适；上课内容不佳；教练专业水平不够。

预防：选合适的教练、场地及适当的课程，在正常天气情况下锻炼，准备活动充分，循序渐进。

处理：肌肉、韧带拉伤后，要立即进行冷敷，用冷水冲局部或用毛巾包裹冰块冷敷，然后用绷带适当用力包裹损伤部位，防止肿胀。视恢复情况，24～48 小时后拆除包扎，可适当热敷或用较轻的手法对损伤局部进行按摩。

（2）关节扭伤

内因：技术掌握不好，协调性差，关节周围肌肉力量小、生理结构不佳。

外因：准备活动不够，场地滑，器材使用不当，教练不合适，内容不好（动作速度快，转、跳多）。

预防：准备活动充分；了解器材的使用方法；循序渐进，运动时自己放慢动作速度。

处理：受伤后 24 小时内为急性期，处理方法是停止运动、冷敷、包扎、抬高受伤部位。24 小时后为恢复期，配合按摩、微动、康复或恢复性锻炼。

（3）运动疲劳

表现：心动过速，运动后血压、脉搏恢复慢，内脏不适。

原因：训练方法不对，运动量大，训练时间长，休息不充分等。

预防：安排合理的训练时间、计划，注意劳逸结合。

处理：调整锻炼计划、运动量，循序渐进；进行系统训练、全面训练。

（4）运动性晕厥

表现：头晕，眼发黑，面色苍白，手发凉，严重时晕倒。

原因：运动时血液供应下肢较多，突然停止运动时静脉回流不够，脑缺血缺氧。

预防：大强度运动后，不要马上停止运动。

处理：平卧，脚垫高，头低于脚，从小腿向大腿按摩。

（5）脑卒中（中风）

表现：人体功能受影响，皮肤干、红、热，脉搏快、弱，呼吸浅等。

处理：有知觉的，适量喝水、宽衣，如呕吐就不要给其流质食物，打电话送医院等。无知觉的，先呼救，同时拨打 120 急救电话，使其侧躺，观察呼吸，将冰块放在腕、踝、腋、颈部等动脉搏动处，不按摩。

（6）运动腹痛

原因①：肝脾淤血、慢性腹部疾病。

原因②：呼吸肌痉挛（准备活动不够，肺透气度低，运动与呼吸不协调）。

原因③：胃肠痉挛（运动前吃得过饱、饭后过早运动，空腹或喝水太多）。

预防：运动前进行健康检查，合理安排运动饮食，吃饭前后 1 小时内不运动，不空腹、不喝太多水运动。

处理：减慢运动速度，加深呼吸，调整运动时的呼吸节奏，手按疼痛部位，如未缓解停止运动。

（7）足底疼痛

原因①：足底受压过大产生的疼痛。原因是动作不正确、鞋子不合适、足部生理结构不良。

原因②：脚跟骨钙化、脚底筋膜炎和神经刺痛。

预防：做正确动作，选合适的鞋，准备活动要充分（包括脚部的准备活动）。

处理：注意放松、休息，可按摩、洗热水澡。

（8）籽骨疼痛

原因：运动中突然的重力压在籽骨上，造成骨折和发炎。

预防：选择有缓冲作用的鞋子。

（9）肌腱、小腿肌肉痛

预防：运动前后要多伸展肌腱、小腿肌肉。

处理：注意放松、休息，可按摩、洗热水澡、伸展小腿等。

（10）半月板损伤

原因：一般由膝部过度动作造成。

预防：减少膝部动作，减少转体、跳等动作。

处理：注意放松、休息，可按摩、洗热水澡。

（11）关节炎、黏液囊炎

原因：过度训练。

处理：休息和看医生。

（12）腰肌劳损

原因：练习方法不当（如仰卧起坐时不屈腿），急于求成而致疲劳损伤。

预防：学习正确的动作技术，不急于求成。

处理：注意放松、休息，可按摩、洗热水澡。

（13）颈椎病

原因：练习方法不当（如仰卧起坐时不抱颈），颈部运动过多而致疲劳损伤。

预防：学习正确的动作和技术，颈部运动不要过多。

处理：注意放松、休息，可按摩、洗热水澡。

二、运动处方

随着康复医学的发展及对冠心病等疾病康复训练的开展，运动处方开始受到重视。运动处方是根据参加体育锻炼者的年龄、性别、体质和健康状况，用处方的形式确定运动项目以及运动强度、时间、次数与注意事项的方法。运动处方的原理：人体运动时，体内发生各种变化，如脉搏和呼吸频率加快、血压升高、体温上升等。这种在运动中和运动刚结束时发生的变化，称为"一时性适应"。表明通过运动，身体产热过程已经加强，身体功能通过调节已经动员起来。

1. 健康检查

了解锻炼者的一般身体发育、伤病情况和健康状况，以确定是不是健身运动的适应者。

2. 运动负荷测定

检测和评定锻炼者对运动负荷的承受能力。以心肺功能为主，进行安静和运动状态下的生理功能检测，主要有心率、血压、肺活量等指标。

3. 体能测定

进行力量、耐力、速度和灵敏的身体素质检测，从中判定锻炼者的运动能力和生理机能的状况。

4. 制订运动处方

（1）运动目的　通过有目的的锻炼达到预期的效果。由于各人的情况千差万别，运动处方的目的有健身、娱乐、减肥、治疗等多种类型。

（2）运动项目　在运动处方中，为锻炼者提供最合适的运动项目关系到锻炼的有效性和持久性。选择运动项目时，要考虑运动的目的，是健身、还是治疗；要考虑运动条件，如场地器材、余暇时间、气候等；还要结合体育兴趣爱好等考虑。

（3）运动强度　是运动时的剧烈程度，是衡量运动量的重要指标之一，可用每分钟的心率来表示。一般认为心率 120 次/分以下为小强度，120～150 次/分为中强度，150 次/分以上为大强度。测量运动强度的简单办法是：测量运动后 10 秒的脉搏×6，就是 1 分钟的心率，可据此判断运动强度。

（4）运动时间　每次 30～60 分钟的锻炼效果最好。

（5）运动频度　指每周的锻炼次数。每周以锻炼 3～5 次为宜，不少于 3 次，不超过 5 次，间隔不超过 3 天。每日是否要进行体育锻炼，每次锻炼时间的长短、运动负荷的大小，可根据个人的锻炼习惯、锻炼经历等因素而定，一般锻炼后以次日不感到疲劳为宜。

5. 效果检查

由于个人情况千差万别，在实行运动处方的过程中，可能会有不合适的地方，应在实践中及时检查和修正，以保证锻炼的效果。

运动处方也不是一成不变的。经过一段时间的体育锻炼后，要根据自己身体承受负荷的适应状况，调整运动处方。

·第三章·

健康标准与测评

随着科学技术的迅速发展和新兴边缘学科的出现，人类对健康的理解逐渐深入，对健康的要求日益提高。1988 年，世界卫生组织总干事马勒博士强调指出："健康并不代表一切，但失去了健康，便丧失了一切。"这句话阐明了生活、事业与健康的辩证关系。对每个人来说，明确健康标准，检测自身健康状况，有着现实的意义。

通过定期健康检查及经常性的自我检查，可以了解人体的生长发育与健康状况，及早发现身体的缺陷或疾病，以便及时矫正或治疗；引起人们对自己身心健康的重视，树立防病、治病的意识；健康检查的评价结果还可以促进卫生措施的改进，促进健康教育的开展。

健康检查包括身体的形态、生理和心理机能的发育状况以及其他的健康状况等。为了便于人们对自己的健康状况进行正确的自我检查和评价，本章介绍一些在健康检查中经常使用的检测指标，以及这些指标的临床意义、评价标准和方法。健康评价的目的是了解运动参与者的健康水平、发现疾病隐患、危险因素及不良生活方式，以保证锻炼者的安全，帮助和指导锻炼参加者选择适宜的运动项目，纠正不良的生活习惯，预防和治疗疾病以增进健康。

第一节　人体健康标准

一、健康的概念

健康的概念是随着人类对客观世界认识的不断深化而改变的，过去由于受传统观念、世俗文化以及科学技术和医学发展的限制，人们对健康的认识单纯理解为"无病、无伤和无残"或"健康是机体的一种动态平衡状态"等，并将"没有疾病"作为衡量健康的标准。显然，以上观点都具有消极的成分，不能准确地反映健康的本质或全部。

世界卫生组织（WHO）于 1948 年，在《世界卫生组织宪章》中首次给健康明确了含义：

"健康不仅是免于疾病和衰弱，而是保持体格方面、精神方面和社会方面的完美状态。"显然，健康不仅仅是没有疾病，更重要的是，它是每个人面对生活各种挑战从容应对的能力，是帮助个人潜能充分发挥的一种资源。从这个意义上讲，健康是人们提高生活质量、培养健康人格的基础和保障。

二、理想健康

人人渴望健康、追求健康已经成为时代发展的必然趋势。世界卫生组织所倡导的多元健康观已经将健康的内涵大大扩展，突破了传统健康模式和医学范畴。多元健康观认为，个体的健康由三个方面因素共同维护，即社会方面、心理方面、身体器官方面。当这三方面平衡时，个体就健康；相反，这三者平衡受到破坏时，个体就会产生疾病。这种积极的健康观指出人们的健康必须包括身体、心理和社会三个方面，体现了人们对健康观念有了新的追求。健康是人类拥有的最基本权利，也是人类体现其社会价值最重要的标志。学者们为了进一步强化健康的本质和彻底改变传统健康评估体系，提出了一个促进健康的终极目标——理想健康或健全健康。

理想健康是指个体致力于维持健康状态，并充分发挥自己最大潜力，以达到"身心合一"的整体健康。理想健康的提出，其目的就是强调人们要想获得健康的终极目标，除了要摆脱疾病的威胁以外，还要积极改善自身的社会、心理、教育、运动和营养状态，从而真正获得生理、心理和社会"三维"健康，并享有完美的生活。

三、亚健康

自从人类步入现代文明社会以来，由于环境因素的急剧改变、不良个人行为和生活方式的出现，可能会促使个体产生身体、心理乃至精神方面的功能障碍。世界卫生组织指出：21世纪威胁人类健康的"头号杀手"就是"生活方式病"，即"亚健康。"亚健康表现为身体活动能力下降，时感疲劳、失眠、心情压抑、社交障碍等。全世界有约60%的人处在"亚健康"状态中，而改善亚健康状态，最积极、最有效的手段就是改变个人不良行为、倡导健康的生活方式。其中，积极参加体育锻炼就是提升生活质量最有效的手段之一。

四、衡量健康的标志

近年来世界卫生组织又提出了衡量健康的一些具体标志，例如：
① 精力充沛，能从容不迫地应付日常生活和工作。
② 处事乐观，态度积极，乐于承担任务不挑剔。
③ 善于休息，睡眠良好。
④ 应变能力强，能适应各种环境的变化。
⑤ 对一般感冒和传染病有一定抵抗力。

⑥ 体重适当，体态匀称，头、臂、臀比例协调。

⑦ 眼睛明亮，反应敏锐，眼睑不发炎。

⑧ 牙齿清洁，无缺损，无疼痛，牙龈颜色正常，无出血。

⑨ 头发光洁，无头屑。

⑩ 肌肉、皮肤富有弹性，走路轻松。

世界卫生组织的肌体健康"五快"标准：

① 吃得快：进餐时，有良好的食欲，不挑剔食物，并能很快吃完一顿饭。

② 便得快：一旦有便意，能很快排泄完大小便，而且感觉良好。

③ 睡得快：有睡意，上床后能很快入睡，且睡得好，醒后头脑清醒，精神饱满。

④ 说得快：思维敏捷，口齿伶俐。

⑤ 走得快：行走自如，步履轻盈。

世界卫生组织的精神健康"三良好"标准：

① 良好的个性人格。情绪稳定，性格温和；意志坚强，感情丰富；胸怀坦荡，豁达乐观。

② 良好的处事能力。观察问题客观、现实，具有较好的自控能力，能适应复杂的社会环境。

③ 良好的人际关系。助人为乐，与人为善，对人际关系充满热情。

第二节 人体健康的测评

一、人体的生理测评

（一）人体的生理学指标

生理机能是指人体各器官系统的功能状态。人体的生理指标种类较多，但常用脉搏、血压和肺活量等生理指标，来反映心血管系统和呼吸系统的生长发育和机能水平。

脉搏也称心率，它是心脏节律性的收缩和舒张，由大动脉内的压力变化而引起四肢血管壁扩张和收缩的一种搏动现象。正常人的脉搏频率和心跳频率是一样的，而且节律均匀，间隔相等。正常人在运动后、饭后、酒后、精神紧张及兴奋时均可使脉搏加快，但很快可恢复正常水平。长期进行体育锻炼的人的脉搏较慢。正常人的安静脉搏在 $60\sim100$ 次/分之间。脉搏是了解人体心血管系统功能简易可行的指标，对早期发现人体心血管疾病具有一定的现实意义。

血压是指心脏收缩时血液流经动脉管腔内对管壁产生的侧压力，是心室射血和外周阻力共同作用的结果。一般收缩压主要反映心脏每次搏动输出血量的多少，舒张压主要反映外周阻力的大小。血压是检查和评价心血管系统功能的重要指标。血压维持在正常范围内，对于保证全身各器官系统功能具有十分重要的意义。因此血压是评价成年人体质状况和衡量健康水平的一个重要指标。

肺活量是指一个人全力吸气后所呼出的最大气体量。它是一种常用的反映呼吸机能的指标。肺活量大小代表一个人的最大呼吸幅度，与人的性别、年龄以及身高、体重、胸围等因素有关，是评价人体生长发育和体质状况的一项常用机能指标。

正常成人肺活量的平均值，男性为 3500～4000 毫升，女性为 2500～3500 毫升。

（二）人体素质测评

1. 力量素质的测量及评价

（1）纵跳

目的：测量双腿垂直向上的爆发力。

使用仪器：纵跳计。

测量方法：受试者站在纵跳计底板上，系好绳带，使绳带与地面垂直，并刚好绷直，此时纵跳计的指针仍在零位。屈腿后利用蹬腿和摆臂尽量向上双脚起跳，指针所指示的长度即为纵跳高度。测量 2 次，取最好成绩。记录以厘米为单位，精确到小数点后 1 位。

评价方法：两次测量中，指针所指示较高一次的高度为测验成绩。

注意事项：两脚不得移动或有垫步动作，起跳后要落回原位。

（2）立定跳远

目的：测量向前跳跃时下肢的爆发力。

使用器材：平坦土地或沙坑、量尺。

测量方法：受试者两脚自然开立，站在起跳线后，屈膝摆臂，尽力向前跳，双足着地。丈量起跳线至最近着地点后沿之间的垂直距离。

评价方法：起跳线至最近着地点后沿之间的垂直距离为测试成绩（以厘米为单位）。每人试跳 3 次，取最好一次成绩。

注意事项：两足原地同时起跳，不得有垫步或连跳动作；落地时如向后跌倒，丈量成绩应以最靠近起跳线的着地部分为准。

2. 速度素质的测量及评价

速度素质，是指人体快速运动的能力，其表现形式有反应速度、动作速度及周期性运动中的位移速度等。

（1）反应速度

目的：测量手对视觉刺激的反应速度。使用仪器：反应尺、桌、椅。

测量方法：受试者坐在桌旁，受测臂放松平放在桌子上，手指伸出桌边约 10 厘米，拇指与食指上缘呈同一水平线，做好准备。测试者抓反应尺的上端，置尺于受试者大拇指和食指中间，反应尺零点线要与拇指上缘在同一水平。受测者眼视反应尺醒目处，不准看测试者的手，听到"预备"口令后，反应尺下落，受测者急速将反应尺捏住，记录拇指上缘处反应尺的刻度。测量5次，去掉最高值和最低值各一次，计算中间3次的平均数。

评价方法：受试者的大拇指上缘在尺面上的读数（以秒为单位）为测试成绩。测试成绩精确到小数点后2位。

注意事项：测试应在安静环境中进行，测试前练习3～4次；不得有预捏动作；几次测试时，喊"预备"后到落尺的间隔时间要有变化，保持在1.5～2秒之间。

（2）动作速度

目的：测量两手运动和反应结合的速度。

使用仪器：反应尺、桌椅、粉笔、量尺。

测量方法：受试者坐于桌边，掌心相对，间隔30厘米。测试者手持尺的上端，使尺悬垂于受试者两手掌中间，尺的零位线与手的上缘平齐。听"预备"口令后，测试者放尺，受试者尽快用两手夹住尺，但不准两手上下移动夹尺，测20次。

评价方法：两手夹尺时，手上缘在尺上的读数即为测试成绩，取中间10次的平均值作为受测者的成绩。

注意事项：测试应在安静环境中进行，受试者做好准备姿势后，要用直尺来校对两手的间隔距离；量准两手位置后，在其中点做一标记，以利于反应尺的悬垂定位；不得有预夹动作；几次测试时，喊"预备"后到落尺的间隔时间要有变化，保持在1.5～2秒之间。

（3）身体位移速度［50米跑（计时）］

目的：测量奔跑的最快速度。

场地器材：跑道、秒表、发令旗、发令枪。

测量方法：受试者至少两人一组，用站立式起跑。听到口令（或哨音、枪声）后开始起跑，不得抢跑或串道。测试者一人发令，一至若干人计时；计时员看旗落（或枪烟）开表，受试者胸部到达终点时停表。记录以秒为单位，精确到小数点后一位。

评价方法：发令至冲线的时间为测验成绩。

注意事项：受试者要做好充分的准备活动，以免受伤；测试者要穿运动服、运动鞋；遇刮风天气要做出统一规定。

3. 耐力素质的测量及评价（12分跑）

耐力是指机体长时间进行肌肉活动并对抗疲劳的能力。耐力可分肌肉耐力和心血管耐力。在体育运动中，常以中长跑或5分以上定时跑成绩作为衡量一般耐力水平的有效指标。

目的：测量心血管呼吸系统的耐力水平。

场地器材：200米、300米、400米跑道均可（每隔10米画一标志线）、秒表、口哨。

测量方法：受试者站立于起跑线后，听到发令即开始起跑，以尽快的速度坚持跑 12 分。由计距员记录 12 分内跑完的距离。记录以米（m）为单位，不计小数。

评价方法：12 分内跑完的距离为测试成绩。

注意事项：计距员必须记清所跑过的圈数，为保险起见，受试者本人也要计圈数；测试者应在 12 分结束前至少 30 秒时，要提醒计距员，使计距员及时驻足于"停跑"哨声响时运动员所在地，由测试者逐一登记距离；计距员首先报圈数，再由测试者登记段和米数。

4. 柔韧素质的测量与评价

柔韧素质是指扩大关节运动幅度的能力，它主要反映韧带、肌腱与肌肉的伸展性。柔韧素质对于保证速度及力量素质的充分发挥、保证动作的协调性、扩大动作幅度及防止伤害事故均有重要意义。而且对于保证中老年人的周围神经及血管的正常生理机能，有着不可忽视的作用。

（1）立位体前屈

目的：测量髋关节及膝关节后侧韧带、肌腱及肌肉的伸展性。

使用器材：将标有刻度的直尺（长 50～60 厘米）垂直固定于测量台（或桌、凳）上，直尺的 0 位与台面齐平。由此上下各标毫米及厘米刻度，向上标至 20 厘米，向下标至 30 厘米。

测量方法：受试者立于测量台，两腿并拢伸直，足尖约距离 5 厘米，并使足尖与固定直尺的台缘齐平。然后上体慢慢前屈，同时双手与臂充分伸直，沿直尺尽力向下伸，当中指尖停止不动时，即在中指尖下端所指的刻度上读数。中指尖在台面以下为正数，台面以上为负数，刚好到台面为 0。连测 2～3 次，取最大值记录。

评价方法：立位体前屈时，手指中指尖不能继续下伸时停在该位置上的读数，为测试成绩（以厘米为单位）。

注意事项：受试者在做体前屈时不得用爆发力；测试者应待受试者的整个身体平稳之后再读数；加强保护，以免受试者向前摔倒。

（2）坐位体前屈

目的：测量髋关节及膝关节后侧韧带、肌腱及肌肉的伸展性。

使用器材：坐位体前屈测量计。

测量方法：受试者坐在平坦垫物上，脚跟并拢，脚尖分开 10～15 厘米，踩在测量计平板上，然后两手并拢，两臂伸直，渐渐使上体前屈，用两手指尖轻轻推动标尺上的游标前滑，直到不能继续前伸为止。测量 2 次，取最好成绩。记录以厘米为单位，精确到小数点后 1 位。

评价方法：坐位体前屈时，两手手指推动游标前滑的距离为测试成绩。

注意事项：两臂前伸时，两腿不得弯曲；推动游标时，手臂不能有突然前振的动作。

5. 灵敏素质测量与评价

灵敏素质是指在复杂条件下对刺激做出的快速和准确的反应以及灵活控制身体和随机应变的能力。它是速度、力量和柔韧等各种身体素质在特定条件下的综合反映，因而是一项综合身体素质。

（1）立卧撑

目的：测量迅速、准确、协调地变换身体姿势的能力。

场地器材：室内地板或室外平坦地面、秒表。

测量方法：受试者取立正姿势。听到开始口令后，双手于脚尖前 15 厘米处扶地成蹲撑，双腿向后伸直成俯撑，再收腿成蹲撑，然后还原成立正姿势，即为完成一次动作。连续做 10 秒，记录动作合格次数。也可将一个完整动作分解为蹲起、俯撑、还原成蹲撑、还原成立正姿势四个动作，各计 1 分共 4 分。如动作不合格则扣分。

评价方法：以 10 秒内完成正确动作的次数作为测验成绩。把整个动作分解成四部分，每部分以一次计数，完成整个动作即为四次。

注意事项：成俯撑时，背、腿必须伸直，不得弓背或塌腰；开始和结束姿势必须立正；动作不符合要求，不予计数。

（2）侧跨步

目的：测量腿部横向变换的灵活性。

测量方法：受试者两脚跨中线站立，膝微屈。听到开始口令后，向右或左横跨右侧或左侧线，然后向左或右横跨中线，如此循环往复。每一循环按完成四次动作计算。

评价方法：记录 10 秒横跨中、端线的次数，每跨过一条线得 1 分，一次往返横跨得 4 分。横跨不过线则不计分。受试者进行两次测试，取其中较好的一次成绩。

注意事项：跨步时脚不准踩线，否则不予计数。

场地：在平坦的地上，画三条长 1 米的平行线，其间距为 100 厘米（7～12 岁）或 120 厘米（13 岁以上）。

二、人体的心理测评

（一）心理健康指标

衡量健康除了从身体方面来评价之外，心理健康评价也是必不可少的。心理健康问题常涉及精神活动、人格特征、适应状态、社会习俗以及文化背景。心理健康是指人的心理比较平衡，处于良好的适应状态，例如：感知正常、思维敏捷、情感恰当、仪态自如、言行得体、乐于交往、人格完整，这是一般意义上的概念。多数学者认为心理健康与不健康没有绝对的界限，不同于生理上有生物学的指标易于评价，一些心理学家从不同角度探索，提出各种观点。

根据各方面研究结果，可归纳出以下心理健康指标：

① 智力正常。智力是人的各种能力的总和，包括观察能力、记忆能力、思维能力、想象能力和实际操作能力，它是保证人们进行学习、工作和生活的最基本的心理条件。智力正常与否可通过智力测验来判定。

② 情绪稳定、心境乐观。人们的情绪是所有心理活动的背景条件和伴随其他心理过程的体验。正如体温可作为生理上健康与否的标志之一，情绪也是反映人的心理上健康与否的标志之一。

③ 意志健全、行为协调。意志的健全在于行动上的自觉性、果断性、顽强性和自制力。人的意志通过行动表现出来，而行动又受意志的支配，心理健康的人意志与行为是统一的、协调的。

④ 注意集中度。注意是心理活动对一定对象的指向和集中，是一切心理活动的共同特性，是判断心理健康与否的一个有效指标。

⑤ 完整统一的人格。心理健康的人有相对正确的信念体系和世界观、人生观，并以此为核心把动机、需要、态度、理想、目标和行为方式统一起来。

⑥ 积极向上、面对现实，有较好的社会适应能力。这是国际上公认的心理健康的重要标准。具体说来，表现在三个方面：一是适应各种环境的能力；二是人际关系的适应能力；三是处理、应付家庭和社会生活的能力。

⑦ 适度的反应能力。外界事物的刺激必然要引起人们的反应，但这种反应必须是适度的，既不十分敏感，也不极为迟钝。

⑧ 心理特点与实际年龄相符。一个心理健康的人，其一般心理特点与所属年龄阶段的共同心理特征是大致相符的。这可从三个方面加以判断：一是看心理活动与外界环境之间是否统一，他的言行有没有过于离奇和出格的地方；二是看心理活动过程是否完整和协调，他的认识过程、情感体验、意志行为是否协调一致；三是看心理活动本身是否统一，他的个性心理特征是否具有相对稳定性。

⑨ 自我认知。自我认知是对自我目前所处状态和环境、自我未来的发展方向有一个清醒的认识，并能正确认识和客观评价自己，摆正自我的位置，妥善地处理人际关系，有自信心、自尊心，能够自觉地发展自己。

⑩ 创造性、成就感。马斯洛认为，人的内部存在一种向一定方向成长的趋势或需要，这个方向一般地可以概括为自我实现或心理的健康成长。自我实现者就是使自己成为自己理想的人，到达个人潜能的最高之巅。也可以说是一个人对实现自身天生潜能的不断追求。这通常可以通过人的创造力的发挥程度和成就感的高低来衡量。一个人应该热爱生活，热爱事业，具有宽阔豁达的胸怀，能意识到自己对社会的责任，努力掌握知识与技能，发展个人的能力与体力。虽然人们聪明才智不尽相同，但能尽其所为、力争取得一定的成就，从而创造人的价值，这一点对于心理健康无疑是非常重要的。

（二）心理健康测评

心理健康测量是心理健康评价的主要手段，测量的结果为评价提供依据。心理健康测量是把心理健康概念分解为全面的、精确的、可测量的具体内容来反映心理健康内涵的过程。心理健康测量的主要目的是为心理健康工作提供科学的依据，了解人格特点和个性差异，及时发现严重心理障碍者；或者帮助鉴定、诊断、预测和评价以加强心理咨询的针对性，并为心理健康典型案例的研究和理论探讨提供依据。在实际的应用中，心理健康测量的方法主要是心理测验，它是通过观察人的少数有代表性的行为，对反映在人的行为活动中的心理特征，依照确定的原则进行推论和量化分析的一种科学手段。

常用的心理测验的种类有：智力测验、人格测验和临床测验。

1. 智力测验

智力测验是使用测验的方式衡量人智力水平高低的一种科学方法。智力测验的种类很多，如瑞文推理智力测验、韦克斯勒智力测验、比奈智力测验等。

2. 人格测验

人格测验是以测量个人比较稳定的各种心理特征如需要、动机、态度、性格、气质等为主要目的的一种测量方法。主要有卡特尔 16 种个性因素测验、明尼苏达多项人格测验（MMPI）、大学生人格问卷等。

3. 临床测验

临床测验又称诊断测验，是以鉴别临床精神、神经症状为目的的。主要有康奈尔健康测验（cmi），心理疾病症状程度评定量表（SCL-90）以及评定抑郁、焦虑的一系列量表。目前有关心理测量的工具不多，常采用的主要有心理卫生自测量表（SCL-90）、心境状态量表（POMS）和心理健康诊断（MHT）等研究工具。

此外，还有一些针对具体的测量目的和内容而编制的测验，用来测量特定的心理状况。如心理健康、人际关系、社交能力等方面的测量，应用也非常广泛。

·第四章·

体育竞赛的组织与欣赏

第一节　体育竞赛的组织与编排

一、体育竞赛的意义

体育竞赛是以体育为基础，通过一定的规则和组织形式，由个人或团体进行的体育比赛和活动。体育竞赛是体育课外活动的重要组成部分，也是学校体育教育的重要形式之一。它有力地推动学校群众性体育活动的广泛开展，促进学校体育活动的普及，是实现学校体育教育目标，贯彻"健康第一"思想的基本途径之一。

参与体育竞赛，要求参加者在比赛中尽可能地发挥出最大机能潜力，在人体各种能力的极限水平甚至超极限水平上进行激烈的角逐。在体育竞赛过程中，其结果往往很难预料，而其最终结果，取决于参与者的技术、战术、身体素质、心理、智力等各种因素的激烈较量。

学校体育教学和训练的效果如何，有什么进步和不足，通过体育竞赛可以反映出来，从而促进教学和训练质量的不断改进和提高，有利于更快地发现和培养优秀的运动人才，提高全民身体素质。

在现代生活中，体育已成为人们生活的重要组成部分。各种形式的体育竞赛，受到了人们的普遍欢迎，我们必须充分认识体育竞赛的规律，发挥体育竞赛在推动体育运动中的杠杆作用，促进体育事业向广度和深度迅速持久发展。

二、综合性竞赛

体育的综合性竞赛一般称为运动会或综合性运动会。它往往包含有若干个运动大项的比赛，其目的是全面检查各项运动普及和提高的情况，广泛总结和交流经验，从而推动体育运动的发展。这种竞赛由于比赛项目众多、规模较大、组织工作较复杂，通常都是每四年举办一届，如奥运会、亚运会、全运会、全国大学生运动会等。

三、单项竞赛

单项竞赛是以某一项目为内容而单独进行的竞赛形式，一般常采用的形式有以下几种。

（一）锦标赛

只有一个单项比赛，确定团体或个人冠军和其他名次，如世界男排锦标赛、世界体操锦标赛、大学生田径锦标赛等。

（二）联赛

这种比赛是每年定期举办一种列入计划的规模较大的比赛。

（三）对抗赛

对抗赛指由两个以上实力相近的单位举办的竞赛，可以是双边、多边、定期或不定期的，目的是交流经验，切磋技艺，取长补短，共同提高。

（四）邀请赛和友谊赛

各单位之间，为增进友谊和团结，共同提高某一运动项目的水平而举办的比赛均可称为邀请赛，此种比赛均为非正式比赛。各种访问比赛一般都属于友谊赛，其宗旨和邀请赛相同。

（五）选拔赛

为发现和挑选运动员，组织和补充代表队，准备参加高一级别的体育竞赛而进行的比赛，通常称为选拔赛。如学校为了充实某一运动队，组织有关同学进行比赛，从中发现和选拔人才。

（六）表演赛

表演赛是指为了宣传体育活动、扩大影响、参加庆典、慰问纪念、集资等活动而举行的比赛。此项比赛着重技术、战术的发挥，一般不记名次。对准备开展的项目示范性介绍或参加重大比赛后的汇报表演均属于此类。

四、体育竞赛的组织

为了顺利完成竞赛的任务，不论是综合性运动会或单项比赛，都应看成是一项系统工程。这项工程大致可分为以下三阶段进行，即赛前的策划组织，赛中的有力监控，赛后的认真总结收尾。组织规模较大的竞赛活动，应成立相应的大会组织委员会或筹备委员会。

在各类学校中，组织校运会或单项比赛，应建立领导小组，在主管院（校）长的领导下，由有关部室如院（校）办公室、体育部（室）、教务处、学生处、团委、学生会、工会、总务处、医务处、保卫处等各方面领导或代表组成。根据工作需要分成若干小组，如宣传组、竞赛组、裁判组、场地器材组、后勤保障组等，各组的大致工作内容或任务如下。

（一）宣传组

搞好体育竞赛的宣传、教育工作；鼓励运动员赛出水平、赛出风格；宣传教育观众，争当"文明拉拉队"。

（二）竞赛组

制定大会法规性文件——竞赛规程。为使竞赛工作严密有序地进行，还应做好以下工作。

① 审查报名表。

② 做好抽签和编排工作，编印和下发秩序册。

③ 安排好裁判员，保证裁判员的数量和质量。

④ 及时研究、确定分工，解决竞赛中出现的有关问题。

⑤ 如确实需要，下发补充通知，解决规程中未尽事宜。

⑥ 比赛前应认真全面检查场地器材，需要进行整改的应尽早安排，保证安全。

⑦ 比赛期间要及时印发、公布成绩公报。

⑧ 比赛结束后，认真负责核对好比赛成绩，编印成绩册，技术资料分类归类并及时发送有关部门单位。

（三）裁判组

裁判员应本着"认真、公正、准确、及时"的原则认真履行职责。作为裁判员，应表现出高尚的道德准则和高水平的业务水准。

裁判员在工作中应遵守以下要求，认真履行好职责。

① 认真学好规程、规则，统一认识，统一裁判方法。对比赛中可能出现的问题加以研究并落实处理方案。组织必要的实习或考核。

② 裁判长要合理安排好裁判员，对抗性强或决定胜负的关键场次应重点关注。

③ 裁判员在履行职责时应精力集中，既要严格执行规则，又要讲文明礼貌。

④ 执法中不能弄虚作假。如发现反判、漏判、误判等应立即纠正。

⑤ 比赛结束后，广泛认真地听取各方意见，总结经验，改进工作。

在学校中举行的各种竞赛，应积极地在学生中挑选和培养裁判人才，给他们创造在实践中学习和锻炼的机会。凡符合条件者，向有关部门推荐，发给相应级别的裁判证书，充实裁判队伍。

（四）场地器材组

根据规则和规程的要求，认真合理地布置好竞赛场地和器材设备，认真负责地做好场地的修整、清理等工作。

（五）后勤保障组

应向运动员、教练员、裁判员及工作人员提供一个良好的比赛、工作条件。

五、体育竞赛的编排

采用怎样的比赛方法，需根据比赛任务、项目特点、参赛人（队）数、时间安排、场地设备等因素来统筹考虑和选择，下面介绍几种常用的比赛方法。

（一）淘汰法

淘汰法是在比赛进行过程中逐步淘汰成绩差的，最后决出优胜者。淘汰法有两种淘汰情况：一种是按一定顺序让参赛者一人（组）进行比赛，表现出参与者的最佳成绩，通过及格赛、预赛、复赛、决赛等几个赛次，淘汰劣者，比出优胜名次。如田径、游泳项目比赛多采用这种方法。另一种往往被球类和其他对抗性比赛项目所采用，即一对一按预先排定的淘汰表进行比赛，胜者进入下一轮，直到最后对决出优胜者。

为了使比赛尽可能公正，编排时应注意以下几点。

① 根据实际水平设立若干种子队。种子队分开排列，以便使强者不过早相遇，尽可能使他们在决赛时相遇。

② 排定种子队后，为使参赛者机遇、机会均等，其余位置均应抽签排定。

③ 淘汰赛比赛场次的计算，采用下列公式：

$$比赛场次=参赛队数-1$$

④ 如参赛队数（人数）不是 2 的几次方时，则在第一轮应排出"轮空"。"轮空"位置要分散排列。

图 4-1 为 8 个队参赛的淘汰制比赛轮次。

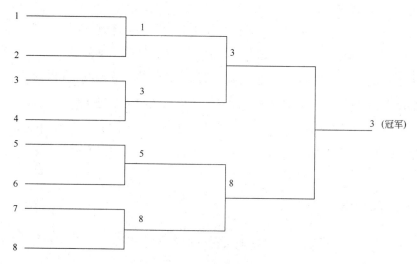

图 4-1　8 个队参赛的淘汰制比赛轮次

（二）轮换法

将参赛者分为若干小组，在规定的同一时间内，分别进行各个项目的比赛。赛完一项后，各组按预先排定的比赛顺序依次轮换再进行下一轮比赛。体操团体比赛的男子 6 个项目、女子 4 个项目均采用这种方法进行。

（三）循环法

循环法又称循环制，包括单循环、双循环、分组循环三种方法。

（1）单循环　所有参赛的人（队）在比赛中均能相遇一次，最后按参赛者在全部比赛的胜负场数、得分多少的高低来排定名次。这种方法一般适用于参赛人（队）不多，竞赛时间又较长时。

（2）双循环　所有参赛的人（队）在比赛中均相遇两次，按最后比赛中的胜负场次、得分多少排列名次。这种方法适用于参赛的人（队）较少，而竞赛期限又较长时。

（3）分组循环　把参赛的人（队）分成若干组，分别进行单循环。这种比赛方法适用于参赛人（队）数多而竞赛期又短的情况。

循环赛的优点是不论参赛者的水平高低、技术优劣、实力强弱、胜负如何，都有机会与其他参赛者进行比赛，因此锻炼机会增多，有利于互相学习、共同提高，能比较准确地反映参赛者的技术水平，产生的名次比较客观。

循环制的编排方法较多，比较复杂。8 个队和 7 个队采用的单循环比赛的轮次表范例见表 4-1、表 4-2。

表 4-1　8 个队比赛轮次表

第一轮	第二轮	第三轮	第四轮	第五轮	第六轮	第七轮
1—8	1—7	1—6	1—5	1—4	1—3	1—2
2—7	8—6	7—5	6—4	5—3	4—2	3—8
3—6	2—5	8—4	7—3	6—2	5—8	4—7
4—5	3—4	2—3	8—2	7—8	6—7	5—6

表 4-2　7 个队比赛轮次表

第一轮	第二轮	第三轮	第四轮	第五轮	第六轮	第七轮
1—0	1—7	1—6	1—5	1—4	1—3	1—2
2—7	0—6	7—5	6—4	5—3	4—2	3—0
3—6	2—5	0—4	7—3	6—2	5—0	4—7
4—5	3—4	2—3	0—2	7—0	6—7	5—6

注：碰到 0 号队轮空一次。

单循环比赛场次计算公式为：

$$Y = \frac{N \times (N-1)}{2}$$

式中，*N* 为队数。

单循环比赛轮次的计算方法：参加比赛队数是奇数时，则比赛轮次等于队数，轮次=队（人）数；参加比赛队数是偶数时，则比赛的轮次为队数减1，轮次=队（人）数−1。

（四）混合制

竞赛在第一阶段预赛中采用分组循环制，第二阶段决赛中采用淘汰制；或者相反，在第一阶段预赛中采用淘汰制，在第二阶段决赛中采用循环制。任何一种赛制或方法的优缺点都不是绝对的，如其符合竞赛的目的、性质、队数、时间、场地等需要，就是相对正确和先进的。

第二节　体育竞赛的欣赏

欣赏精彩、激烈的体育竞赛，已成为现代人社会活动的内容之一。由于现代社会的进步和经济的发展，高科技在竞技体育中的广泛运用，使现代体育面貌焕然一新，运动技术日趋完美，比赛场面紧张激烈，体育竞赛更具魅力。新闻媒体的高度发达，竞技体育的职业化和商业活动的广泛介入，使人们多层面、宽视角地观赏体育竞赛成为现实。

一、欣赏体育竞赛的意义

任何一项比赛都是通过个人或集体，发挥其体格、体能、运动能力、心理、智慧等方面的内在潜力来进行角逐。在比赛过程中，观众不仅能欣赏到运动员健康、强壮、匀称、优美的身体形态，而且可以欣赏到运动员展现出来的准确、干净、利落、洒脱、新颖的动作造型，给人以愉悦的享受。

观赏体育比赛，可以强化集体观念，激发爱国主义热情，振奋民族精神。各种比赛的参赛者，都代表着国家或社会群体，他们在比赛中不仅要实现自己的价值，而且要为所代表的群体争取荣誉。

凡属于重大国际比赛，大多以国家为代表参赛，当本国或本民族运动员获胜，观赏者会同运动员一样情不自禁地热泪盈眶，激动万分，把本国运动员的胜利视为自己民族和国家的莫大荣耀，从而自发地产生强烈的民族自豪感。如第23届美国奥运会射击比赛中，许海峰经过顽强拼搏，实现了中华民族奥运会史上"零"的突破，赢得了"东方巨人"的称号，全国人民奔走相告，为之欢欣鼓舞，大大激发了全国人民"团结起来，振兴中华"的民族热情，也强烈感染了广大海外侨胞。当然，我们对振奋民族精神的认识，要从体育竞赛的精神内涵中寻求动力，而不是简单地以胜负论英雄。

二、欣赏体育竞赛的途径

观看体育比赛已成为现代人生活的重要内容之一。在高度发达的现代社会，观赏体育比赛的途径有很多，但一般可分为直接观赏和通过媒体间接观赏两大类。

1. 直接观赏

观赏者直接进入体育场馆的现场观看比赛，可以调动自己的全部感官，观赏完整的比赛进程，感受强烈的现场气氛，整体感强。

2. 通过媒体间接观赏

现代社会传媒体系的高度发达，为我们间接观赏创造了便利的优良环境。虽然不能和运动员直接进行感情交流，但是由于转播者的巧妙编排，不但可以看到全景，还能观赏到关键的、精彩的特写镜头，使观赏者犹如身临其境，而且比较自由，是大量体育爱好者观赏体育竞赛的主要途径。

三、欣赏体育竞赛的方法

1. 了解和熟悉比赛的有关基本常识

俗话说："外行看热闹，内行看门道。"要提高自己的观赏水平必须提高对该项目基本知识的了解。平时要经常关心它、接触它，懂得这个项目的发展和现状，主要技术、战术的特点，场地、器材、设备，以及参赛队的实力对比等，才能获得理想的观赏效果。

2. 从不同的视角观赏体育竞赛

我们可以从观赏个人精彩的技术、团队完美的战术组合、高超的体育智慧、优秀的体育精神以及场馆现代化的设施和优美的环境等几方面加以观赏。当你看到高、新、难、险的运动技术时，可以获得赏心悦目的美感和精神上的享受。当看到团队间的正确调配，经过完美的配合，扬长避短克敌制胜时，往往会给观赏者一种超常的完美感受。

四、不同运动项目的欣赏

体育运动是以人体美的运动形式来表现和创造美的。如健美运动，当运动员在比赛时，根据音乐节奏把自己的强健肌肉充分展现，他们隆起的肌肉群、雕塑般的身躯、匀称的线条、优美的造型，无一不是体育美的展现，使人陶醉在美的享受之中。

体育观众既是感受的主体，又是参与的客体。当然，并不是所有的观众都能感受到体育运动的美感。首先，观赏者必须具备体育审美的意识和能力，即主体的意识能够通过感知和客体发生交流，以引起振奋和激励；其次，观赏者必须具备一定的运动能力，即对所观赏的运动项目的特点、结构、力量和幅度都有一定的体验，才能对审美客体作出一种稳定不变的情感反应。

人类本身的自然属性和社会属性必然要在运动中、在观众面前展现出来。人在运动中要拥有最大的空间、达到最高速度、显示最大力量，这是对人体极限的挑战，是自我超越的过程。体育审美是以直接参与为基本特征的。由于各个运动项目的规律、特点、力度不同，因此，它给人的审美感觉是不同的。在体育运动中，人们不仅能欣赏到各种运动美，而且体育服装、体育建筑、体育场地、体育器械、运动会的开幕式和闭幕式等均能满足审美的需要。

在观看竞技体操比赛中，运动员稳健、准确、高雅、优美的动作更给人以精彩、动人、魅力无穷的回味。在观看球类比赛时，球场上快速多变的战术，紧张激烈的争夺，熟练默契的配合，更是高潮迭起、精彩纷呈；还有跳高运动员的腾空飞越横杆，帆船运动员搏击惊涛骇浪，击剑运动员敏捷灵活的矫健身姿等，这些无不使人沉醉于体育美的享受之中，激励人们对体育更高、更深、更远的追求。

几乎任何一项体育项目都能展现人体的力量、速度、灵巧、耐力和青春活力，展现人类的形态美与心灵美，体育运动与美水乳交融。下面以田径和球类运动为例介绍运动项目的欣赏内容。

（一）田径运动欣赏

田径运动是比速度、高度、远度的项目，要求运动员在短时间内表现出最大的速度与力量或较长距离的耐受能力。田径运动竞争激烈，是奥运会上奖牌最多的项目，也是对观众有强烈吸引力的重要项目。田径运动除了向人们展示运动员强健、匀称的身体美之外，在运动中表现出的速度、力量、耐力和灵敏等，足以使观赏者精神振奋和愉悦，感受到运动中人体充满活力的美。

（二）球类运动欣赏

1. 足球运动的美

足球是世界上最吸引观众的运动项目之一，人们把足球运动誉为"世界第一运动"。它的魅力在于竞争激烈的对抗以及参加比赛的上场人数之多、场地之大、比赛时间之长、技术之复杂和战术之多变，这是其他体育项目无法比拟的。运动员在赛场上奔跑、断球、带球、突破、射门等动作，充分体现了运动员强有力的体魄和快速奔跑能力以及勇猛顽强的战斗意志，达到了人的意志美和身体矫健美的完美结合。加之足球体育竞赛的艰辛和悬念，比赛形势变化莫测，扣人心弦，胜负要靠运动员的灵敏性、主动性、创造性和全队的战术配合、技术风格以及节奏的把握，更使该运动增添了神秘美的色彩。

2. 篮球运动的美

篮球运动在我国是最普及的一项运动，也是最受群众喜爱的运动项目之一。一场高水平的篮球比赛，给人们带来无穷的乐趣、愉悦的心情和巨大的美感。运动员们身材高大，形体匀称，肌肉发达，彪悍体壮；同时，他们又快速敏捷、柔韧性好、弹跳力惊人。在赛场上他们精湛的技艺、卓越的表演，使力与美融为一体，向人们展示的是技艺美。运动员各自技术特征的表现、进攻防守的转换，表现出激烈对抗的动态美；篮球运动是一项典型的讲究张弛相宜的有节奏的运动，正因为这一特点，人们观赏和体验到的是变幻无穷的节奏美。当代的篮球运动不仅比技术、比战术、比意志，而且也是智慧之争。

· 第五章 ·

田 径 运 动

田径运动是竞技运动的重要项目之一，包括竞走、赛跑、跳跃、投掷和全能运动等。人们通常把以时间计算成绩的竞走和跑的项目叫"径赛"，把以远度和高度计算成绩的跳跃和投掷项目叫"田赛"，田赛和径赛及田赛和径赛组成的全能运动，合称为田径运动。

田径运动是增强人民体质的重要手段之一，它在各级学校体育课（《国家体育锻炼标准》）中都占有很大比重，是各项运动的基础。经常、科学地参加田径运动，能促进人体新陈代谢，改善神经系统的调节功能和内脏器官的功能，提高人体健康水平与工作能力，培养人们勇敢、顽强、坚韧、果断的意志品质。所以，把田径运动作为其他运动项目提高身体素质的手段与提高技术、战术的基础。

田径运动项目较多，一般为个人运动项目，运动强度大，竞争性强，锻炼形式多样，不受人数、年龄、性别、季节、气候、场地等条件的限制，便于广泛开展。

田径运动历史悠久，有广泛的群众基础。田径运动在国际体坛影响很大，在历届奥林匹克运动会和其他大型运动会中，田径比赛都在中心运动场举行，也是奖牌最多的竞赛项目，世界各国都很重视发展田径运动，并把它作为衡量一个国家总体体育运动水平的重要标志。

第一节　跑

一、短距离跑

短距离跑是一项典型的发展速度素质的运动项目，它要求人在最短的时间内以最快的速度跑完所规定的距离，也叫"短跑"（以下简称"短跑"）。

短跑是田径运动的基础，是其他运动项目进行身体训练和技术训练的必要手段，也是《国家体育锻炼标准》的重要内容，短跑的项目包括：60米跑（少年）、100米跑、200米跑和400米跑。

（一）短跑的技术

根据短跑的全过程技术，按起跑、加速跑、途中跑、终点冲刺和撞线、弯道起跑和弯道跑几部分分别叙述。

1. 起跑

在跑的比赛中，起跑姿势有站立式和蹲踞式两种，规则规定短跑必须采用蹲踞式起跑。

蹲踞式起跑要使用起跑器。起跑器的安装应根据个人的身高、体形、技术水平和习惯选择确定，总的原则是有利于起动和发展速度。起跑器的安装有拉长式、接近式、普通式三种（图 5-1）。

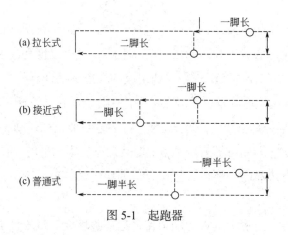

图 5-1　起跑器

不论采用哪种安装方法，一般要求前起跑器与地面的角度约 45°，后起跑器与地面的角度为 70°～80°。

蹲踞式起跑包括"各就位""预备""跑"三个动作（图 5-2）。

图 5-2　蹲踞式起跑姿势

听到"各就位"的口令后，做几次深呼吸，轻松地走或跑到起跑器前，两脚依次蹬在起跑器上，后腿跪在地面上，两手拇指相对，其余四指并拢，虎口向前，两手约与肩同宽，撑于起跑线后，两臂伸直肩微前移过起跑线，颈部自然放松，两眼视前 1 米处，注意听"预备"的口令，听到"预备"的口令后平稳地抬起臀部，稍高于肩，身体重心前移，前腿的大小腿角度约 90°，后腿约 120°，集中注意力听发令枪声，听到枪声后，两手迅速推离地面，两臂积极用力前后摆动，两脚迅速蹬离起跑器，后腿以膝领先迅速向前摆出，用前脚掌扒地，同时，后腿要把髋、膝、踝三个关节充分蹬直，身体保持较大的前倾度。

2. 加速跑

起跑后的加速跑，它的任务是在最短的时间内、最短的距离内发挥最大能力达到最高速度。跑步行进时后蹬快速、充分、有力，摆动腿积极前摆、下压，用前脚掌着地。加速跑的特点是前几步躯干前倾较大，频率快，步幅不断加大，上体逐渐抬起转入途中跑（图 5-3）。

图 5-3　起跑后的加速跑技术

3. 途中跑

途中跑是整个跑程中最长、速度最快的一段跑程，它的任务是继续发挥和保持最高速度冲向终点。途中跑的速度取决于蹬地力量，同时步幅的大小、步频的快慢和上体姿势的正确与否，都与跑速有直接关系。途中跑时，后蹬腿的髋、膝、踝三关节要尽可能地充分蹬直，完成快速有力的后蹬。后蹬角度约 50°，后蹬方向要正。随着前脚落地摆动腿的大腿迅速有力地向前上方摆出，并带动同侧骨盆前送，使步幅加大，紧接着大腿积极下压，这时由于惯性的作用，小腿自然前伸，接着前脚掌迅速而富有弹性地做向下、向后的扒地缓冲动作。脚着地后，为减小脚着地支撑时的反作用力，支撑腿和摆动腿微屈，迅速地缓冲协调配合，是途中跑技术的关键（图 5-4）。

在途中跑时，上体正直或略前倾，两眼向前平视。两臂以肩关节为轴，协调有力地前后摆动，前摆时手稍向内，高度稍超过下颌，后摆时肘稍向外，大小臂之间的角度约为 90°。

4. 终点冲刺和撞线

终点冲刺和撞线也叫终点跑，它是全程跑的最后一段距离。当跑至距离终点 15~20 米时，上体适当前倾，当跑至距终点大约 2 米时，上体迅速前倾，用胸部和肩部撞向终点线。跑过终点后，逐渐降低跑的速度，不要马上停下来（图 5-5）。

图 5-4　短跑之途中跑

图 5-5　终点冲刺和撞线

5. 弯道起跑和弯道跑

200 米和 400 米跑，有一半以上的距离是在弯道上进行的，弯道跑要克服离心力，人体要采用向圆心倾斜的姿势跑，使跑的技术产生了相应的变化。

① 弯道起跑时，起跑器应安装在跑道的右侧，正对弯道切线方向。"各就位"时，左手置于起跑线后 5～10 厘米处，使身体正对弯道的切线方向，起跑后，开始一段距离应沿直线跑进，跑至切点前，身体要逐渐向左倾斜，尽快进入弯道（图 5-6）。

② 进入弯道时，向心力牵制着身体向圆心方向倾斜。后蹬时，右脚用前脚掌内侧，左脚用前脚掌外侧着地（图 5-7）。摆动时右膝关节稍向内，左膝关节稍向外，右肩高于左肩，右臂摆动的幅度和力量都大于左臂。右臂摆动时，肘关节稍偏向右后方，前摆时稍向左前方，左臂靠近身体前后摆动，由于弯道跑时会导致肌肉紧张，跑 200 米时，注意放松，第一个 100米接近最高速度跑，第二个 100 米要竭尽全力跑完全程。400 米时要注意步幅开阔，有明显的节奏。

图 5-6　弯道起跑

图 5-7　弯道跑

（二）短跑的练习方法

1. 一般练习方法

① 摆臂练习。两脚前后开立成弓箭步，抬头挺胸，两眼平视，两肩下沉，两臂屈为 90° 肘关节角，做前后摆臂练习，做到由慢到快动作都不变形。

② 用前脚掌着地富有弹性地慢跑，以后逐渐加大动作幅度并要求大小腿折叠前抬。

③ 行进中间断性地做 30～60 米的快跑，以体会动作技术，逐步达到协调自然。

④ 在直径 10～15 米的圆周上跑，逐渐加快速度，体会弯道跑时身体的内倾、脚掌用力的部位，以及腿、臂摆动的左右差异等弯道技术。

⑤ 反复做从直道进入弯道、弯道跑进直道，体会弯道跑时的前几步身体由内倾逐渐转入正直，体会顺惯性的自然跑动技术。

⑥ 反复练习起跑技术，熟悉口令，掌握蹬离地或起跑器技术。

⑦ 多做慢跑撞终点线的挺胸或侧肩。

2. 针对性练习

① 针对前摆腿太低，反复做后踢腿跑，使脚后跟在每次收腿前摆时都踢到臀部，还要多做高抬腿跑和后蹬跑的练习。

② 针对习惯性抢跑犯规，要多使用长短不规则的口令发令进行起跑训练，以适应口令的指挥。

③ 针对起跑后上体抬起过早，要适当拉长起跑器两抵足板的距离，反复做起跑练习。

3. 短跑的专门练习

多做小步跑、高抬腿跑、后蹬跑的练习，对于发展腿部力量和加快动作频率，克服各种不正确的动作有很大作用。

（1）**小步跑** 身体稍前倾，大腿抬起与水平线为 35°～45°，膝关节放松，然后大腿下压，小腿顺下压的惯性前伸，并很快以前脚掌积极着地，脚趾完成最后"扒地"动作。两臂前后摆动配合两腿动作以小幅度、快频率来体会前脚的扒地感（图 5-8）。

图 5-8 小步跑

（2）**高抬腿跑** 上体正直或稍前倾，头上顶，提高重心。大腿高抬到水平，然后积极下压，膝关节放松，小腿自然伸开，用前脚掌先着地，支撑腿要充分伸直，骨盆前送，两臂前后摆动，配合两腿做高抬。

（3）**后蹬跑** 上体挺胸稍前倾，支撑腿后蹬充分，而摆动腿屈关节领先向前摆出，然后大腿积极下压，用前脚掌着地，两臂前后摆动配合两腿动作（图 5-9）。

图 5-9　后蹬跑

二、中长距离跑

（一）中长距离跑

中长距离跑（以下简称"中长跑"）的技术结构与短跑基本相同。其技术可分为起跑、加速跑、途中跑、弯道起跑和弯道跑以及终点冲刺几部分，其中弯道起跑和弯道跑技术在短跑技术中已讲述，所以在这里只做起跑和加速跑、途中跑、终点冲刺三部分的技术叙述。

1. 起跑和加速跑

中长跑的起跑一般采用站立式，也可用半蹲式，现在田径规则中规定 800 米和 800 米以上的起跑是按两个口令完成起跑动作的，听到"各就位"的口令后，及时站到起跑线后，两脚前后自然开立，把有力脚放在紧靠起跑线的位置，两腿弯曲，上体前倾，身体重心落在前脚上，后脚的前脚掌着地，前脚异侧的臂自然弯曲在体前，同侧臂在体侧后，头部与躯干保持一条直线，眼看前方 4～5 米处，身体保持稳定姿势，集中注意力听信号，准备起跑（图 5-10）。

图 5-10　中长跑起跑

2. 途中跑

中长跑的主要组成部分是途中跑，正确合理地掌握途中跑技术是很重要的环节。途中跑时，身体应保持正直或稍前倾（约 5°）。胸腰微向前挺，腹部微收，头与上体成一直线，颈部肌肉放松，两眼平视前方，臂的摆动幅度比短跑时小，后蹬角度为 53°～57°。

脚着地时的方法有三种：第一种是前脚掌先着地；第二种是全脚掌着地，屈膝缓冲，很快地过渡到前脚掌；第三种是用脚后跟先着地并迅速滚动到前脚掌的方法，这种方法多见于公路跑中。

中长跑的呼吸方式很重要，一般是以口为主，口鼻结合进行呼吸，呼吸节奏和跑的节奏相配合，三步一呼三步一吸或者两步一吸两步一呼。呼吸方式根据个人身体素质和跑的强度来确定（图 5-11）。

3. 终点冲刺

终点冲刺是临近终点的一段冲刺跑。应根据个人的体力情况来决定冲刺距离的长短，并用力摆臂，加强后蹬，适当加大上体的前倾度，以顽强的意志冲过终点。

图 5-11 中长跑之途中跑

（二）中长跑的练习方法

① 原地两脚前后开立成弓箭步，做摆臂配合呼吸的练习。

② 反复做 40～60 米的匀速跑练习，体会正确的呼吸方式和呼吸节奏。

③ 变速跑：采用弯道慢跑、直道加速跑的方法发展速度耐力。

④ 做富有弹性的 40～60 米反复跑，主要体会脚着地和大腿下压的动作技术。

⑤ 坚持常做小步跑、高抬腿跑、后蹬跑的专门练习，提高腿部关节的柔韧性和灵活性，同时全面发展腿部力量。

⑥ 结合游戏的形式来提高学生练习的积极性。例如："追拍"，即前后两排相距 30～50 米，听到信号后，后排学生追拍跑动的前排同学；或用分组短距离接力赛等形式。

⑦ 利用改变环境的方法做练习，如越野跑、乡村便道跑、公路跑、街道跑等不同环境都有助于增强学生锻炼兴趣，提高中长跑技术。

⑧ 做不同距离的定时跑和计时跑练习。

⑨ 分别在直道和弯道上反复进行起跑和起跑后的加速跑练习，一般要求跑出 400～500 米的距离才允许减速。

⑩ 结合长距离的耐力跑，配合终点冲刺练习。

（三）中长跑的简要规则

① 国际田径联合会承认世界纪录的中长跑项目有男子 800 米、1000 米、1500 米、1 英

里、2000 米、3000 米、5000 米、10000 米；女子 800 米、1500 米、1 英里、3000 米、5000 米、10000 米。

② 800 米赛跑在 400 米场地进行时，在第一个弯道的末端之前应为分道跑，布置梯形起跑线，应使每个运动员从起点到终点所跑的距离相等。

③ 400 米以上的赛跑项目起跑发令，只喊"各就位"，等所有的运动员都稳定后即鸣枪。

④ 起跑时运动员犯规，除去全能项目，执行一抢罚下规则。

⑤ 400 米及 400 米以下的赛跑项目必须使用起跑器起跑，采用蹲踞式起跑，其他各项径赛一律不得使用起跑器。

⑥ 严禁运动员使用兴奋剂。

⑦ 运动员的比赛成绩，必须是在符合国际田联审定的规则及规定的场地、器材等条件下创造的方为有效。

⑧ 不按规定佩戴号码或字迹不清晰者，不得参加比赛。

⑨ 径赛须沿逆时针方向跑，径赛运动员在跑步中，冲撞或阻挡了别人使别人受到妨碍时（推、拉、挤、拌、撞等），即取消犯规队员的录取资格。

⑩ 在分道径赛中，运动员应自始至终在各自的分道内跑。径赛运动员在中途擅自离开跑道或比赛路线，则不得继续参加比赛。

⑪ 除分道进行的接力赛另有规定外，所有其他径赛项目，运动员都不得在跑道上或跑道旁做标记。

⑫ 径赛项目中，以决赛成绩作为该项最后名次成绩，而不以预赛、次赛、复赛的成绩判定最后名次。

⑬ 径赛中，判定运动员到达终点的名次顺序，是以运动员躯干（不包括头、颈、臂、手、腿、脚）的任何部分触及终点线内沿垂直面的先后为准。

⑭ 运动员在比赛中应当遵守规则和规程，如有不正当的行为，裁判长有警告或取消其比赛资格的权力。

⑮ 男女运动员混合编在一组比赛，所创造的新成绩不予以承认。

⑯ 运动员在分道跑中踏上或越过左侧分道线，要取消成绩。

⑰ 为了帮助他人提高成绩而明显的伴跑，所创造的成绩不予承认，并取消比赛成绩。

三、接力跑

（一）接力跑技术

1. 持棒起跑

第一棒蹲踞式起跑时，应用右手握接力棒，握棒的方法是用中指、无名指和小指握棒的末端，拇指和食指分开支撑地面。规则要求接力棒不得触及起跑线以前的地面。

弯道起跑时应注意将起跑器安装在靠近跑道的外沿，正对弯道切点，起跑技术与短跑起跑技术相同。

2. 传接棒方法

传接棒方法一般分下压式、上挑式、混合式三种，这里只介绍前两种。

（1）下压式　下压式是传棒人将棒的前端由上而下放入接棒人的手中，接棒人的手臂向后伸直与臀部齐平，掌心向上，拇指向内，虎口张开向后接棒。

（2）上挑式　上挑式是传棒人将棒由下向上送到接棒人的手中，接棒人的手臂自然向后伸出，虎口向下，掌心向后接棒。

（3）传接棒的相互配合技术　接棒人站在起跑线或接力区的后端，看到传棒人跑到自己的起动标志线或标志区（5～7米处），即迅速跑出，当两人相距1.5米左右时，传棒人发出信号，接棒人立即伸手接棒。传接棒动作是在高速中进行的，必须在接力区内完成，传棒人逐渐减速，留在自己的跑道内，待其他道次的传接棒结束再离开跑道。

正规的接力比赛由四名队员完成，在安排各棒队员时，应考虑尽量发挥每个队员的心理和技术特点，第一棒安排起跑技术好、心理素质稳定和弯道技术较好的队员；第二棒应是速度耐力好，并善于跑直道和传接棒技术比较好的队员；第三棒除具备第二棒的条件外，还应善于跑弯道；第四棒应是全队成绩最好、意志最顽强和冲刺能力最强的队员。

（二）接力跑技术的练习方法

① 原地分组成纵队站立，做传接棒练习。

② 成一路纵队，在慢跑中完成以下练习。由排尾捡起排头扔在地上的接力棒传至排头，重复进行。

③ 在中速跑或快速跑中分组传接棒比赛，看哪组传接最顺利。

④ 60米中速跑中完成传接棒。

⑤ 规定各棒次队员的站位，第一、第三棒站在跑道的靠里侧，第二、第四棒站在跑道的靠外侧。

⑥ 在12～15米直径的圆周上慢跑做传接棒练习，提高弯道传接技术，人多时要至少间隔3～5人一棒。

（三）注意事项

① 应先练习上挑式，再练习下压式。

② 分组练习时应将跑速相近的同学安排在一组。

③ 练习时要集中注意力密切配合，传棒人要认真准确地将棒送到接棒人手中。接棒人要果断稳定地将棒接牢，以免掉棒。

④ 练习时要缩短各接力区的间隔距离，以增加练习次数。

⑤ 接棒人要注意速度的控制，以免跑出接力区接棒而造成犯规。

（四）简要规则

接力赛跑时，各队员除严格遵守各径赛项目的公共规则外，还要遵守接力赛跑的各项规则。

① 4×400 米接力、4×200 米接力和 4×100 米接力的第一棒必须使用起跑器。

② 4×400 米和 4×200 米接力赛，各队运动员必须在各自的分道上跑完三个弯道，并跑过抢道线后方可切入里道。

③ 4×100 米和 4×200 米接力赛时，可在接力区后 10 米处用虚线或其他颜色画一条"预跑"线，第二棒到最后一棒，接棒运动员可以在接力区后 10 米的"预跑"线内起跑。

④ 各项接力赛必须在接力区内传接接力棒，接力棒到达接棒运动员的手中才算完成接棒，是否在接力区内，以接力棒的位置为准，不以运动员的身体或四肢的位置为准。

⑤ 运动员必须手持接力棒跑完全程，在接力区内传接棒时，不得抛掷，如接力棒在接力区内掉落，必须由原失棒者重新拾起，如在接力区外掉落，可以在不妨碍别人前进的情况下，自行拾起继续跑进。

⑥ 在分道接力赛跑中，运动员传出接力棒以后，必须暂留在本分道内，待各队接棒队员全部跑过之后，再退出跑道，以免妨碍别人前进；如果离开分道阻碍了其他队队员的前进，即取消其全队的录取资格，在不分道接力跑中，运动员将棒传出后，应在不影响别人的情况下立即离开跑道。

⑦ 运动员受同队队员的推动而前进，或接受任何方式的助力时，立即取消全队的比赛资格。

⑧ 预赛被录取的队，在下一赛次的比赛中，只允许增加两名队员做替换队员，替换队员只能是已报名参加运动会的运动员，不论是该项或其他项目的运动员均可。各个赛次中，接力队的四名运动员及其各棒顺序，必须在每个赛次前正式申报。已参加比赛的接力队员一旦被人替补，则不能参加后继赛次的接力赛。

四、跨栏跑

（一）跨栏跑技术

1. 起跑至第一栏

跨栏跑的起跑与短跑的起跑相同，只是听到"预备"的口令时臀部抬得略高一些，起跑后的加速跑，上体抬起得略早一些，抬腿幅度大，后蹬角大，步长增加快、准确、稳定，栏前形成短步。

2. 起跨

起跨攻栏时，起跨腿积极快速地踏上起跨点，并迅速蹬直髋关节、膝关节、踝关节，摆动腿的大小腿折叠后，小腿前摆，上体前倾，异侧臂前伸。

3. 过栏

过栏时，摆动腿过栏后，大腿积极下压，同时，起跨腿屈膝外展，经体侧迅速向前提拉，上体保持前倾，摆动腿异侧臂向后划摆。

4. 下栏着地

摆动腿过栏后，膝与小腿适当放松，着地瞬间直腿向后下方做"扒地"动作；身体与重心投影点在一条直线上，起跨腿继续向前上方摆动并送髋，自然转入栏间跑（图 5-12）。

图 5-12　下栏着地

5. 栏间跑

摆动腿过栏脚着地不能有制动，应迅速前移身体重心，栏间三步节奏明显，步长稳定、重心高、速度快。

6. 全程跨栏

全程跨栏跑技术主要是在掌握好各技术环节的基础上使平跑速度与跨栏技术结合起来，使其连贯成体，重心的移动接近于平跑。

（二）跨栏跑的练习方法

1. 一般性练习

（1）摆动腿的练习

① 先做原地或上一步的摆动腿"鞭打"练习，主要熟悉起跨腿的支撑和摆动腿的屈膝高抬；同时体会大小腿的自然折叠技术，然后再做行进间的摆动腿"鞭打"动作练习。体会摆动腿异侧臂随摆动腿的摆动自然成屈肘再随摆动腿的下落而伸展和大腿积极下压脚扒地，攻栏时摆动腿自屈曲到伸直的动作。

② 做原地或上步将摆动腿踏上高物，起跨腿蹬直，摆动腿屈膝前摆高抬，髋部前送，上体前倾，体会屈膝攻栏技术。

③ 摆动腿在栏侧过。练习方法：慢跑至近栏架位置时，摆动腿从架的一侧上空过栏后大腿积极下压，脚掌着地。

（2）提拉起跨腿的练习

① 先扶肋木做原地提拉起跨腿动作的练习。

② 在行进中做慢跑提拉起跨腿动作的练习。

③ 在跑动中通过几个架的一侧端连续做起跨腿的提拉技术练习。

（3）跨栏步练习

① 在垫子上或草地上直角坐，做过栏的模仿练习。

② 在跑道上放置 2～3 个栏架，沿栏的一侧端慢跑，起跨腿在栏后 1 米处蹬地起跨，身体腾空后起跨腿快速屈膝提拉过栏，摆动腿迅速伸直膝关节，并用前脚掌着地，体会跨栏步的完整动作。

③ 用线画出栏间的每步长度，按栏间节奏跑 2～3 个栏，体会栏间步的技术和节奏，以后逐步增加栏数。

（4）跨栏跑全程技术练习

① 以蹲踞式起跑，跑 3～5 个栏，逐步增加栏数。栏架高度视学生的情况而定，逐步过渡到标准高度。

② 分组进行一些小组赛，提高练习兴趣。

2. 针对性练习

① 针对胆小缺乏信心者要反复讲解示范并改变练习条件解除学生的恐惧心理。

② 针对直腿攻栏现象要多做攻栏模仿练习，强调摆动腿的膝盖超过栏高后，再迅速伸小腿。

③ 针对摆动腿屈膝越过或从栏侧绕过栏架现象，要调整起跨点，并多做屈膝前摆攻栏的模仿练习；还要利用跳箱等类似器械反复练习起跳攻栏动作。

④ 针对跑过栏的现象，要画出起跨点。控制起跨距离，强调起跨腿充分伸直，不要离地太早，强调摆动腿摆动过栏，在大腿下压的同时起跨腿屈膝外展，迅速提拉。

⑤ 针对起跨腿提拉太慢，要多做栏侧的提拉练习，以增强提拉力量和关节的灵活性。

⑥ 针对过栏时身体不平衡，落地后向一侧倾斜或侧转，要强调两臂的配合摆动和上体前倾以及起跨腿积极向前着地。

⑦ 针对过栏后制动动作，要强调起跨腿在下栏后积极向前迈进和上体前倾，多做跑道上无栏架的连续跨栏动作练习。

⑧ 针对 110 米起跑后的 8 步距离第一栏太远，要画出起跑后 8 步的步长标记和起跨点，按标记跑和起跨，反复练习，增强腿部力量。

⑨ 针对步幅勉强，破坏了跑动技术，首先要解除思想顾虑多做负重弓箭步走，加强腿部、踝关节、脚跟的力量以适应技术的正常发挥。

⑩ 针对栏间跑时出现的跑不直，节奏不好，要控制起跨点和落脚点，按画好的直线和步

长横线听口令节奏反复练习，口令由慢到快，逐步适应。

（三）简要规则

跨栏跑比赛属径赛项目，所以除了遵守各径赛项目的公共规则外，还要遵守跨栏项目的专项比赛规则，主要有以下几条。

① 所有跨栏项目的比赛均为分道跑，运动员必须沿着自己的分道跑进。

② 跨栏时，凡腿和脚由栏架外面越过，或有意用手推倒，用脚踢倒任何一个栏架，应判犯规（无意碰倒栏架者例外）。

③ 跨栏中，两臂或手摆动越到栏架外面而影响了邻道队员时，应判为犯规。

第二节　跳　　跃

一、跳高

（一）背越式跳高技术

背越式跳高是人体经弧线助跑起跳后，横杆上采用背弓姿势，身体的有关部位经翻转依次过杆，背部落垫的一种跳高技术。

1. 背越式跳高的助跑技术

背越式跳高的助跑，前一段为直线，后一段为弧线。在起跳腿远离横杆的一侧助跑，一般是先有 8～10 步的直线助跑，又有在半径为 5～6 米的弧线上 4～5 步的助跑，最后一步的助跑路线与横杆成 20°～30° 的夹角。整个助跑过程中，两脚应始终沿助跑线，在弧线助跑时，由于身体内倾，形成身体重心投影点随助跑前移的轨迹不重合，是两条平行的弧线。

（1）直线助跑阶段　一般先走几步或跑几个碎步，踏上标记后才开始助跑，助跑动作类似于短跑，用一步比一步快的节奏实现加速。

（2）弧线助跑阶段　身体保持向内倾斜，跑时大腿高抬，用前脚掌着地，积极后蹬，最后三步必须蹬在弧线上，由脚跟滚到前脚掌，上体和髋快速前移，两腿积极后蹬，节奏比前段更快。

2. 起跳技术

背越式跳高是用远离横杆的脚起跳，起跳点在两根立柱之间，离近侧立柱 1 米左右，离横杆投影线 60～90 厘米处。

背越式跳高的起跳与俯卧式不同，要充分发挥跑的水平速度和起跳时的爆发力，摆动腿屈膝提膝向异侧肩前上方内扣上顶摆出，形成身体的回转动作，使起跳后背向横杆。

3. 过杆落地技术

（1）过杆　起跳离地后，人体沿身体的纵轴转动为背向横杆而向上腾飞。起跳腿异侧的臂先过杆，头、肩和另一臂随之过杆，当头、肩过横杆，头向后仰，两膝向外分开，小腿下垂，身体成背弓形，此时臀部正在杆上方，挺髋动作一直延续到臀部移过横杆，然后收腹，当膝部靠近横杆时，两小腿及时向上甩起，使整个身体越过横杆，屈体下落。

（2）落地　过杆后，下颌内收低头，以肩背先着地。

（二）背越式跳高的练习方法

1. 起跳练习

（1）原地起跳模仿练习　起跳腿在前，摆动腿在后，摆动腿积极蹬地，以髋带腿，大小腿折叠，屈腿向上摆动，同时两臂由后向前上方摆起。摆腿结束时带出同侧髋，提起身体重心。摆臂结束时提起两肩，使摆动腿一侧肩高于起跳腿一侧肩，躯干伸直，使身体呈起跳结束姿势。

（2）做上一步起跳练习　摆动腿在前，起跳脚踏上前面的起跳点时，摆动腿积极蹬离地面起摆，然后做原地起跳模仿练习，完成起跳动作，并向上跳起。

（3）做加助跑的上述练习。

2. 助跑与起跳的结合练习

① 沿直径为 15 米左右的圆圈跑，体会弧线助跑的身体感觉和身体内倾的控制感。

② 做由直线进入圆圈跑的练习，体会由正直转入内倾的身体控制力。

③ 沿圆圈做 3～5 步一次的起跳练习。

3. 过杆练习

① 在高海绵垫子旁做背对垫子双脚起跳挺髋过杆的模仿练习。

② 做 3～5 步助跑起跳背卧上较高的海绵垫子。

③ 做 3～5 步助跑背越过杆练习。

④ 上一步起跳做背越式过杆动作。

4. 完整动作的练习

① 学会助跑步点的丈量法。

② 做 8 步助跑起跳，背卧上较高海绵垫子练习。

③ 做 8 步助跑背越式过杆练习。

④ 做全程助跑背越式跳高练习。

（三）跳高比赛的简要规则

① 田赛项目比赛时，运动员如无故延误比赛时间，即按该次试跳失败论，但以前的成绩仍为有效。判定运动员无故延误时间的，应从裁判员通知运动员试跳算起，除撑竿跳高外，

其他田赛项目的时限为 1 分 30 秒。如果只剩 2～3 名运动员时，跳高试跳时限为 3 分钟，撑竿跳高为 4 分钟，如只剩 1 名运动员时，跳高开始试跳的时限为 5 分钟，撑竿跳高为 6 分钟（上述时限虽非硬性规定，但一般不应超过）。

② 田赛的高度项目中，以运动员最后试跳成功的高度作为个人最高成绩，然后以各运动员的最高成绩排列名次。

③ 跳高、撑竿跳高比赛成绩相等时的录取办法。

a. 在最后跳过高度上试跳次数较少的运动员名次列前。

b. 如按上述办法不能分列名次时，应将全赛中试跳失败次数（不包括最后高度上的共同失败次数）最少的运动员名次列前。如仍不能判定第一名运动员的归属，要进行决定名次赛。

④ 跳高比赛在只剩 1 名运动员或出现成绩相等之前，每轮之间横杆的升高不得少于 2 厘米，在全能跳高比赛中，横杆的升高自始至终为 3 厘米。

⑤ 运动员必须用单腿起跳。

⑥ 在试跳中碰掉横杆或越过横杆之前，身体的任何部分触及立柱之间、横杆延长线垂直面以外的地面或落地区者则判为试跳失败。

⑦ 比赛时，运动员可以在规定的起跳高度以上的任一高度开始试跳，也可以在以后的任一高度上决定是否"免跳"，在任何高度上凡连续失败 3 次，即失去继续比赛的资格。

在一个高度上，第一次或第二次试跳失败后，均可要求"免跳"，但在下一高度上试跳的次数，只能是在前一个高度上剩余的未跳次数，在某一高度上已经请求"免跳"则不准在该高度上恢复试跳。

第一名成绩相等，决名次时不能免跳，且只有一次试跳机会。

⑧ 每名运动员应以其最好的一次试跳成绩，包括因第一名成绩相等而进行决名次赛的试跳成绩，作为其最后的决定成绩。

⑨ 跳高架立柱的高度，至少应超过横杆实际提升的最大高度 10 厘米，两立柱之间的距离为 4～4.04 米。

⑩ 横杆的直径至少为 2.5 厘米，但不超过 3 厘米，横杆的长度为 3.98～4.02 米，最大重量不得超过 2 千克，横杆两端必须有一段长 15～20 厘米、宽 2.5～3 厘米的平面，以便安放，不得包扎橡胶或其他能增加摩擦力的材料。

⑪ 跳高架立柱的横杆托应为长 6 厘米、宽 4 厘米的长方形平面，横杆放在横杆托上时，两端应与横杆托靠近 1 厘米处的边沿齐平。

二、跳远

（一）跳远的动作技术

跳远有蹲踞式跳远、挺身式跳远、走步式跳远三种，这里根据学校体育的一般基础水平，只对蹲踞式跳远和挺身式跳远作介绍。

1. 蹲踞式跳远技术

（1）助跑技术 助跑必须保持稳定的步幅与步频，这是保证步点准确的基本条件之一。助跑开始，上体前倾较大，两腿蹬摆有力，步频加快，两臂配合摆动，助跑的中段上体逐渐抬起，上下肢摆动幅度加大，腿抬得较高，蹬摆动作有力，并协调配合；起跳前上体几乎与地面成垂直姿势，助跑的节奏加快，跑动轻松有力，脚掌着地富有弹性，上下肢动作协调，配合身体重心位置较高，向起跳板积极快速进攻。助跑临近踏跳板前，助跑节奏明显加快，为了准确起跳，使最后一步起跳脚快速着地，一般是倒数第二步较大，身体重心却略有下降，最后一步比倒数第二步小，以利于快速踏跳。

（2）起跳技术 起跳动作包括起跳脚着地，髋关节、膝关节、踝关节的缓冲和蹬伸起跳。助跑的最后一步，起跳腿几乎是直着快速着地，脚后跟着地后迅速滚动到全脚掌。着板时，上体正直稍后倾，下颌微微抬起，眼睛注视前上方。起跳脚着板后，髋关节、膝关节、踝关节很快弯曲缓冲，缓冲后髋关节、膝关节、踝关节充分伸展，同时摆动腿迅速屈膝前摆，两臂肘关节摆至与肩同高时突停，用前脚掌蹬离起跳板，完成起跳动作。

（3）腾空姿势 起跳后，起跳腿留在体后形成腾空步，此时摆动的大腿继续高摆，同时两臂伸向体前；起跳腿向前上方收举与摆动腿并拢，上体前倾，两臂下摆成空中蹲踞姿势。

（4）落地技术 落地时两小腿前伸，当脚跟接触沙面后，脚掌下压，屈膝送髋，两臂向前摆动，使身体重心尽快移过支撑点。为了有效落地，可采用前倾落地和侧倒落地两种方法。

① 前倾落地：落地前臂部伸直，两腿上举低头向前屈体。落地时两脚平行并拢，在脚跟插入沙坑时，膝关节迅速弯曲，两臂向体前快速挥摆，促使身体重心前移超过脚而前倒落地。

② 侧倒落地：在落地一刹那，一条腿蹬伸，同时挺腹转髋，向屈腿一侧就势侧倒。

关于蹲踞式跳远技术的教学，为方便记忆和领会，很多已缩编为口诀，也是教学实践的体会与总结。

助跑技术：　　开始姿势应固定，起动就应加速行。

　　　　　　　步幅长短因人异，步数多少各有数。

　　　　　　　轻松自然直又稳，速度逐渐达高峰。

　　　　　　　助跑后段步频快，迅速踏板向上挺。

起跳技术：　　跳脚擦地攻上板，重心随速跟上前。

　　　　　　　髋膝踝屈做缓冲，好比弹簧被下按。

　　　　　　　重心移过支撑面，蹬伸上挺离跳板。

腾空姿势：　　　踏跳腾起成弓步，后腿上摆拼前去。

　　　　　　　　两腿屈膝接近胸，自然显示蹲踞势。

落地技术：　　　收腹举腿颈前伸，两臂后摆做平衡。

　　　　　　　　脚跟触沙膝弯曲，重心迅速向前移。

2. 挺身式跳远技术

① 挺身式跳远的助跑、起跳、落地与蹲踞式跳远的助跑、起跳和落地技术相同。

② 腾空动作。起跳后仍保持腾空步姿势，随后摆动腿的大腿积极下压，小腿由前向下向后做弧形摆动，使髋关节伸展，两臂向下向体后摆振，这时留在体后的起跳腿与向后摆动的摆动腿靠拢，挺髋挺胸，形成展体挺身姿势，落地前两臂由后上方向前、向下、向后方画弧摆，两腿向前摆动，收腹，腿、颈前伸，使上体前倾准备落地。

③ 落地技术。落地技术的要求有：尽可能推迟脚着地的时间，加大着地点和身体重心投影点之间的距离；保证身体移过着地点；安全落地。落地前，两腿屈膝高抬呈团身姿势，膝关节靠近胸部，将要着地时，膝关节伸直，小腿前伸，双脚接触沙面后，双脚屈膝缓冲，骨盆前移，两臂积极前摆，上体前倾，使身体迅速移过落点，避免后坐。

（二）蹲踞式跳远和挺身式跳远的练习方法

1. 原地模仿起跳动作练习

① 原地起跳练习，摆动腿在前，起跳腿在后，随着身体重心的前移，起跳腿屈膝前摆，做放脚、踏板、起跳的模仿动作。

② 高抬腿跑或用一般跑动结合做起跳练习。

③ 用短、中不同距离的助跑起跳做腾空步的练习。助跑起跳后，保持"腾空步"姿势，以摆动腿着地，接着向前跑进。

④ 在30～50米跑步中每隔几步做一次起跳练习（包括"腾空步"）。初期跑的速度可适当放慢，随动作的掌握，逐渐提高速度，并注意加大起跳中的向前用力。

⑤ 在30～50米的快跑中听口令立即完成一次起跳，注意起跳前不要破坏跑的技术，保持放松的动作和落地前的弹性。

2. 落地练习

① 原地起跳，在空中抱膝。

② 多做立定跳远练习。

③ 以立定跳远的动作从40厘米左右高度跳下。

3. 蹲踞式跳远空中动作的练习

掌握了"腾空步"和落地技术以后，将"腾空步"和落地技术动作连接在一起，就是蹲蹲式跳远练习的基本方法。在短、中距离助跑的完整技术练习中，主要要求是：有明显的"腾空步"和身体平衡。

4. 挺身式跳远空中动作的练习

① 在原地和行进间做挺身式跳远动作的模仿练习。

② 此练习可分为三个节拍：a.模仿起跳结束时的姿势；b.放下摆动腿的同时送髋挺胸，两臂向下、向后摆动；c.模仿落地前的收腹举腿。

③ 同前面的练习，从高处跳下。

④ 练习跳绳，两腿前后分立（摆动腿在前），两腿依次单跳落地（单跳单落），体会放下摆动腿时的送髋和挺身动作。

⑤ 助跑起跳后，摆动腿放下并送髋，然后稍收腹，身体以较直的姿势落地。

（三）跳远比赛的简要规则

① 参加比赛的运动员超过 8 名时，每人可先试跳三次，成绩最好的前 8 名运动员再试跳三次。倘若有 8 名中存在成绩相等的，则成绩相等的运动员，均可再试跳三次。如果只有 8 名或不足 8 名运动员参加比赛，则每人可试跳六次。

② 每名运动员应以最好的一次试跳成绩作为最后的决定成绩。

③ 田赛中远度项目的比赛如有成绩相等时，应以其次优成绩判定名次；如次优成绩仍相等时，则以第三较优成绩为准；余类推。如仍相等，并涉及第一名者，则令成绩相等的运动员，按原比赛顺序进行新一轮试跳，直到决出名次为止。

④ 如有下列情况之一，则判作试跳失败：

a. 助跑中或起跳时，身体的任何部分触及起跳线前面的地面或在橡皮泥显示板（沙台）上留有痕迹；

b. 由起跳线或起跳线两端的延长线上踏过或跑过，或在延长线后面起跳；

c. 在落地过程中触及沙坑以外的地面，而沙坑外的触及点比沙坑内的点离起跳线近；

d. 完成试跳后，向后走出沙坑；

e. 采用任何空翻动作。

⑤ 丈量成绩时，须从运动员身体任何部分着地的最近点（距起跳板）至起跳线或起跳线的延长线呈直角丈量，丈量的最小单位为 1 厘米，不足 1 厘米者不计。

⑥ 在起跳板后面起跳，应为有效试跳。

三、三级跳远

（一）三级跳远的动作技术

三级跳远包括助跑、第一跳（单脚跳）、第二跳（跨步跳）和第三跳（跳跃）。

1. 助跑

三级跳远的助跑基本上与急行跳远相似，所不同的是，三级跳远的第一跳不像在跳远中那样强调高度。因而，最后几步助跑时，上体前倾。助跑的距离，可因人而异，灵活掌握。一般是跑 12～14 步。

2. 第一跳

三级跳远的第一跳是用有力腿做起跳腿。起跳后经过空中交换腿的动作，再用它落地而完成单足跳，使身体重心迅速前移，起跳的蹬地角度和腾空角度均比跳远要小。起跳时，腿的蹬地角度为 60°～65°，身体重心腾起的角度为 16°～18°。

起跳后形成一个腾空步。在腾空步中，上体正直，保持一定的腾空时间。在腾空步的后半段，起跳腿以大腿带动小腿前摆，与摆动腿交换，称为"腾空步"。其动作要求是起跳腿屈膝向前上方摆动，同时，摆动腿由上向下向后摆动，形成"交换步"。上体前倾，两臂配合腿的动作协调摆动以维持身体平衡。在"交换步"后，起跳腿继续前摆与地面平行，然后大腿积极下压，由前向下向后积极地以"刨地式"落地，异侧臂由前向后侧摆，准备第二跳的起跳。

3. 第二跳

三级跳远的跨步跳是以单脚跳的落地腿为起跳腿，跳起后由原摆动腿向前跨步落地。

第一跳落地后上体保持正直，髋关节尽量保持挺直。此时，摆动腿由后向前积极屈膝上摆，两臂协调配合，由后侧向前上方摆动，同时，起跳腿快速有力地蹬地，积极送髋完成第二跳的动作。

在第二跳腾空的后半段，摆动腿继续向上摆至大腿与地面平行或稍高，起跳腿仍然在身后弯曲，上体稍前倾。两臂同时由上呈弧形向下向后侧方摆动，快要落地时，两臂已摆至身体的后侧方。摆动腿开始迅速而积极地做刨地式落地，为第三跳做准备。

4. 第三跳

三级跳远的第三跳是以跨步跳的落地腿为起跳腿，在摆动腿和双臂摆动的配合下完成起跳动作的一次跳跃。

第三跳的腾空动作一般为蹲踞式，也可以采用挺身式或走步式。准备落地时，在两臂用力向体后挥摆动作的配合下，两腿尽量高抬，并尽可能向远处伸腿，落地时，屈膝前倒，两臂同时向身体的前上方摆动。

（二）三级跳远的练习方法

1. 刨地式落地动作的模仿练习

① （以左手为例）一手扶肋木侧向站立，右腿屈膝向前上方抬摆，当大腿摆至水平位置时积极向下后方压下，同时伸直腿且全脚掌在身体前约 30 厘米处扒地。

② 原地站立。在屈膝前摆大腿积极下压扒地的同时，两臂从身体后方向前上方做有力的摆动，练习也可在走步或慢跑中完成。

2. 第一跳及第二跳和第三跳的结合练习

（1）短程助跑和起跳相结合练习　先做 4～6 步助跑后用有力腿起跳，起跳腿落入沙坑后继续跑进。

注意控制起跳后的身体运动方向和腾空的高度，使身体快速向前，起跳时可采用臂前上摆或单臂后摆的配合摆动方法。

（2）换步跳练习

① 在行进中做单脚交换的积极落地动作。

② 做 4～6 步的助跑起跳后在空中完成交换腿的动作，再用起跳腿落到较高处或跳箱上（不宜很高，可先由 20 厘米开始逐步升高）。

③ 在跑道或草地上，行进中连续做单足起跳和跨步跳练习。

④ 在助跑过程中按规定的信号节奏完成第一跳接第二跳练习。

⑤ 标出第一跳和第二跳的步长，助跑 6～8 步按标记做单足跳和跨步跳练习。

⑥ 单足跳过横杆，跨步跳过皮筋，用摆动腿落入沙坑内继续跑进。

⑦ 多做多级跨跳练习，要注意节奏和加大动作幅度。

3. 第二跳和第三跳的结合练习

① 在行进中做连续的三级跨跳练习。

② 做 4～5 步助跑后起跳跨入沙坑，摆动腿着地向前跑出，要求起跳后腾空步的时间要长，身体在空中平稳。

③ 做 6～8 步助跑跨步起跳后用摆动腿落地并再起跳，然后双脚落入沙坑。

④ 第三跳技术练习。

a. 用摆动腿做单跳 10～15 米，最后双脚落在沙坑内。要求最后一步要跳起来。

b. 中程助跑的弱腿跳远练习。

c. 做 4～6 步助跑单足跳，连续过几个没危险性的障碍和目标。

4. 三级跳远完整动作技术的练习

① 先做短距离助跑的三级跳练习。

② 按规定的步长标记做三级跳远练习。

（三）三级跳远的简要规则

① 三级跳远的第一跳须用起跳脚落地，第二跳须用摆动脚落地，第三跳是用两脚落入沙坑内，这样算完成三级跳远的完整动作。

② 在三级跳远的各跳过程中，摆动脚触地，可不判作一次试跳失败。

第三节 投 掷

投掷主要学习推铅球。

（一）推铅球技术

推铅球的方法目前主要有背向式、侧向式、旋转式三种。这三种方法在某些动作结构中虽有不同，但都是一个有机联系的完整体。为了便于技术分析，以背向滑步推铅球为主，按握球和持球、滑步前的预备姿势、滑步、最后用力四部分进行分析阐述。

1. 握球和持球的方法

（1）**握球的方法** 五指自然分开，把铅球放在食指、中指和无名指的指根上，铅球重量在食指和中指之间，拇指和小指扶在铅球的两侧，手腕背屈以防球体滑动，便于控制出球的方向，推球时能充分发挥手指手腕的力量，使球获得更大的速度。手指手腕力量较大的人，可将铅球放在更靠近指根处，以防推球时挫伤手指。

（2）**持球的方法** 握好球后，将球放在锁骨窝处，贴着颈部，右臂屈肘掌心向上，持球臂的大臂同肩齐平或略低于肩。

2. 滑步前的预备姿势

预备姿势是滑步前的准备动作，它对铅球运行距离的长短起着重要作用，也为顺利滑步创造条件。预备姿势有高姿势和低姿势两种。

（1）**高姿势技术** 持球后，背对投掷方向，站在投掷圈的后沿，两脚前后相距50～60厘米。右脚前脚尖贴近圆圈边沿，脚跟对准投掷方向（也可稍向内转），左脚在后并以前脚掌和脚尖着地，膝部自然弯曲，上体正直并放松，右臂自然上举，体重完全落在伸直的右腿上。

这种高姿势比较自然，全身肌肉比较放松，能协调地转入滑步动作，有利于提高滑步的速度，但在滑步前的摆腿和屈膝团身过程中，由于身体重心升降的幅度较大，对控制身体平衡的能力要求较高。

（2）**低姿势技术** 持球背对投掷方向，站在投掷圈的后沿，两脚站立的方法和位置与高姿势技术相同，两膝弯曲，上体前屈，左臂自然下垂，肩稍内扣，头与背保持在一个平面上。

低姿势转入滑步比较方便，容易控制身体平衡，但全身肌肉紧张，特别是背部肌肉比较紧张，左腿负担较大。

3. 滑步技术

滑步前，有人先做一两次预摆，有人不做预摆。采用高姿势者预摆时，左腿自然弯曲，大腿用力平稳缓慢地向上摆起，左腿伸直，上体伴随左腿上摆，逐渐前倾，左臂微屈，前伸或下垂，头同背保持在一个平面上，当左腿摆到使背约与地面平行，身体稳定后回收左腿向右腿靠近，同时右腿逐渐屈膝，完成团身动作，为右腿蹬地和左腿摆动创造条件。

无论高姿势或低姿势，也无论预摆或不预摆，当左腿回收靠近右腿时，臀部微向投掷方向移动，使身体重心移离支撑点，便于滑步和避免在滑步中身体重心起伏过大。当臀部后移时，左腿快速向抵趾板方向摆出，同时右腿蹬伸，由于左腿快速摆动和右腿用力蹬伸动作的协调配合，推动身体向投掷方向移动，右腿蹬地后要迅速拉收。在收腿过程中，膝和大腿向内扣，脚尖逐渐向内转动，用前脚掌落在圆圈中心附近，与投掷方向成 90°。右脚着地后，左腿积极下落，脚尖稍向外转，带动髋部微向左转动，左脚用前脚掌内侧落在圆圈直径方向线的左侧（即投掷方向），与投掷方向约成 45°，两脚着地相隔时间越短越好，保证迅速过渡到最后用力。

4. 最后用力技术

最后用力的动作是滑步结束后，右脚比左脚先着地，在两脚未着地之前，应努力保持躯干向左侧扭紧的姿势，直至右脚进入支撑。右脚着地后积极蹬伸，膝向大腿内扣，推动右腿向投掷方向转动，上体在转动中逐渐抬起，由于躯干肌群的积极收缩，加快了铅球运行速度，为加快上体转动和抬起，左臂从胸前向左上方摆动，使原来的背对投掷方向转至侧对投掷方向，此时左臂和左肩高于右肩，铅球处于较低位置，体重大部分仍在弯曲而压紧的右腿上，为躯干鞭打创造条件。

由于腿不停地蹬伸，大腿积极向前向上加速，右髋继续向投掷方向转动和上体逐渐前移，体重逐渐移至左腿，当左臂继续向体侧摆动时，向前挺胸转头，躯干开始最后的鞭打动作，挺胸越积极，手臂伸直得越快，推球速度也越快，随两腿充分蹬伸和躯干的最后鞭打（超越器械动作），右肩积极向前上方送出，迅速而有力地将球推出，当球离手时快速而有力地屈腕拨球，使铅球从手指离开，加快出手速度，球离手后要缓冲身体向前的冲力，维持身体平衡，以防犯规。

（二）推铅球技术的练习方法

1. 模仿练习

① 从滑步前的预备姿势起，做右腿蹬转躯干鞭打动作。

② 用实心球、铅球或其他器械，做原地推球模仿练习。

a. 用正面推实心球或较轻的铁弹之类练习。

b. 用实心球或轻铅球做不滑步的蹬转推球出手练习。

c. 用铅球做不滑步的蹬转推球出手练习。

2. 滑步练习

① 徒手滑步练习。

② 以摆动腿的摆动练习为主，做小幅度的半高姿势的滑步练习。

③ 低姿势的摆腿滑步练习。

④ 持铅球的滑步练习。

⑤ 滑步推球出手练习。

3. 完整背向滑步推铅球技术练习

① 圈外做背向式推铅球的完整技术动作。

② 圈内完整技术的推球出手练习。

③ 自我抛接铅球练习，以熟悉手感以便控制相应重量的铅球。

④ 发展推铅球力量的专门练习。

（三）简要规则

① 铅球比赛是运动员在一个直径为 2.135 米的投掷圈内，以投掷圈的圆心为基准点，将铅球向外以 34.92° 夹角放射出去的两条直线所构成的扇形区域推掷而出进行比赛的运动项目。

② 参加比赛的运动员超过 8 名时每人先试掷三次，成绩最好的前 8 名运动员再试掷三次，倘若前 8 名存在并列成绩，则这些成绩相等的运动员均可再试掷三次。只有 8 名或不足 8 名运动员参加比赛，则每人都可试掷六次。

③ 运动员应在投掷圈内从静止姿势开始试掷。推铅球时，应将铅球抵住和靠近下颌，用单手由肩上推出，不得将铅球移至肩上或肩后抛出。

④ 运动员可触及投掷圈或抵趾板的内侧。运动员走进投掷圈开始投掷后，身体任何部分触及圈外地面，或踏在抵趾板或投掷圈上面，或器械脱手，均判做一次试掷失败。

⑤ 倘在投掷过程中未违反上述规定，运动员可中止已经开始的试掷，可在圈外或圈内放下器械，并可离开投掷圈。但重新试掷时，必须从静止状态开始，上述情况应计在该次试掷的一分半钟内。

⑥ 运动员在器械落地后，才能离开投掷圈。离圈时运动员与圈的顶部或圈外地面接触的第一步，必须完全在延长线的后面。

⑦ 器械必须完全落在落地区角度线内沿以内，试掷方为有效。

⑧ 每次有效试掷后应立即丈量成绩，丈量时，须从器械着地最近点取直线通过投掷圈至圆心，以着地最近点至投掷圈内沿的距离为准，以 1 厘米为最小丈量单位，不足 1 厘米不计。

⑨ 运动员不得将几个手指扎在一起，除敷盖伤口外，手上不得贴胶布，不得使用手套，不得在鞋底或投掷圈内喷、撒任何物质。

拓展阅读

苏炳添，中国田径短跑运动员，2012年8月4日，在伦敦奥运会上，苏炳添成为中国第一位晋级奥运会男子百米半决赛的短跑选手。2014年波兰索波特室内世锦赛，成为第一个闯入世界级大赛短跑决赛圈的中国选手，并打破自己保持的全国纪录。2018年杜塞尔多夫室内60米比赛，以6秒43夺冠再破亚洲纪录。2019年获得国际田联室内巡回赛伯明翰站男子60米决赛冠军。2019年2月21日，国际田联室内巡回赛德国杜塞尔多夫站男子60米决赛中以6秒49的成绩夺冠。2021年8月1日，在东京奥运会男子100米半决赛中，中国男子田径队短跑运动员苏炳添跑出9秒83，成功闯入决赛并创造亚洲纪录，成为中国首位闯入奥运男子百米决赛的运动员。

·第六章·

武 术 运 动

第一节 武 术 简 介

中国武术又称"国术"或"武艺"，是中国传统体育项目。其内容是把踢、打、摔、拿、跌、击、劈、刺等动作按照一定规律组成徒手的和器械的各种攻防格斗功夫、套路和单势练习。中国武术具有极其广泛的群众基础，是中国人民在长期的社会实践中不断积累和丰富起来的一项宝贵的文化遗产。

武术最初作为军事训练手段，与古代军事斗争紧密相连，其技击的特性是显而易见的。在实用中，其目的在于杀伤、制服对方，它常常以最有效的技击方法，迫使对方失去反抗能力。这些技击术至今仍在军队、公安中被采用。武术作为体育运动，技术上不失攻防技击的特性，而技击寓于搏斗运动与套路运动之中。搏斗运动集中体现了武术攻防格斗的特点，在技术上与实用技击基本上是一致的，但是从体育的观念出发，它受到竞赛规则的制约，以不伤害对方为原则。如散手对武术中有些传统的实用技击方法作了限制，而且严格规定了击打部位和保护护具，短兵中使用的器具也作了相应的变化，而推手则是在特殊的技术规定下进行竞技对抗。因此，可以说武术的搏斗运动具有很强的攻防技击性，但又与实用技击有所区别。

中国武术分类有以地区划分的，有以山脉、河流划分的，有以姓氏或内外家划分的，也有按技术特点划分的。按运动形式可分为：套路运动和搏斗运动两大类。套路运动，是以技击动作为素材，以攻守进退、动静疾徐、刚柔虚实等运动的变化规律编成的整套练习形式。套路运动按练习形式又可分为单练、对练和集体演练三种类型。单练包括徒手的拳术与器械。对练包括徒手的对练、器械对练、徒手与器械对练。集体演练分徒手的拳术、器械或徒手与器械。

第二节　武术基本功

一、手型和步型

1. 手型

（1）拳　四指并拢卷握，拇指压于食指、中指的第二指节上（图 6-1）。

（2）掌　四指并拢伸直，拇指弯曲紧扣于虎口处（图 6-2）。

（3）勾　五指第一指节捏拢屈腕（图 6-3）。

　　图 6-1　拳　　　　　　　图 6-2　掌　　　　　　　图 6-3　勾

2. 步型

（1）弓步　左脚向前一大步（为本人 4 脚之长），脚尖稍内扣，左腿屈膝半蹲（大腿接近水平）。右腿挺膝伸直，脚尖内扣（斜向前方），两脚全脚着地，上体正对前方，两眼向前平视，两手抱拳于腰间。弓右腿为右弓步，弓左腿为左弓步（图 6-4）。

（2）马步　两脚平行开立（约为本人 3 脚之长），脚尖正对前方，屈膝半蹲，膝部不超过脚尖，大腿接近水平，全脚着地，身体重心落于两腿之间，两手抱拳于腰间（图 6-5）。

（3）虚步　两脚前后开立，后脚外展 45°，屈膝半蹲。前脚脚跟离地，脚面绷平，脚尖稍内扣，虚点地面，膝微屈。两手叉腰或抱拳（图 6-6）。

（4）仆步　两脚左右开立，右腿屈膝全蹲，大腿和小腿靠紧，臀部接近小腿，全脚着地，脚和膝外展，左腿挺直平仆，脚尖里扣，全脚着地，两手抱拳于腰间，眼向左方平视（图 6-7）。

（5）歇步　两腿交叉靠拢全蹲，左脚全脚着地，脚尖外展，右脚前脚掌着地，膝部贴于左腿外侧，臀部坐于右腿接近脚跟处；两手抱拳于腰间，眼向左前方平视（图 6-8）。

　图 6-4　弓步　　　　图 6-5　马步　　　　图 6-6　虚步　　　　图 6-7　仆步　　　图 6-8　歇步

二、腿功练习

1. 正压腿（图 6-9、图 6-10）

正压腿：双腿并拢站立，抬起左腿将脚跟放在支撑物上，脚尖勾起，踝关节屈紧，两手扶在左腿膝盖上。两腿伸直，挺腰，上体前屈，向前向下做振压腿的动作。

图 6-9　正压腿一　　　　图 6-10　正压腿二　　　　图 6-11　侧压腿

2. 侧压腿（图 6-11）

侧压腿：将前腿抬起放置于支撑物上，保持腿直；后腿支撑身体重心，脚尖向外展 90°，脚跟与前脚平行成一线，腿亦挺直放松，身体向侧振压至前脚尖方向。

3. 后压腿（图 6-12）

后压腿：背对一支撑物，将一条腿向后放置在支撑物上，而后上体努力向后振压。

4. 仆步压腿（图 6-13）

仆步压腿：右腿全蹲，左腿挺膝伸直，脚尖内扣。两脚全脚掌着地，两手分别抓握两脚外侧。要点：挺胸、立腰、沉髋，臀部尽量贴近地面。

5. 正踢腿

预备姿势（图 6-14）。左脚向前半步，左腿支撑，右脚勾起脚尖向前额处猛踢。两眼向前平视（图 6-15），练习时左右交替进行。

图 6-12　后压腿　　　图 6-13　仆步压腿　　　图 6-14　正踢腿一　　　图 6-15　正踢腿二

6. 侧踢腿

右脚向前半步，脚尖外展，左脚脚跟稍提直，身体略右转，左臂前伸，右臂后举（图 6-16）。随即左脚脚尖勾紧向左耳侧上踢，同时右臂屈肘上举亮掌，左臂屈肘立掌附于右肩前。眼向前平视（图 6-17）。

7. 外摆腿

右脚向右前方上半步，左脚脚尖勾紧，向右侧踢起，经面前向左侧上方外摆，直腿落在右腿旁，眼向前平视，可在左前方击响左掌（图 6-18 和图 6-19）。练习时，左右交替进行。

图 6-16　侧踢腿一　　　图 6-17　侧踢腿二　　　图 6-18　外摆腿一　　　图 6-19　外摆腿二

8. 里合腿

右脚向右前方上半步，左脚脚尖勾起内扣并向左侧踢起。经面前向右侧上方直腿里合，落于右脚外侧。右手掌在右侧上方可迎击左脚掌（击响），眼向前平视（图 6-20 和图 6-21）。练习时，左右腿可交替进行。

9. 弹腿

右腿屈膝提起，大腿与腰平，右脚绷直（图 6-22）。提膝接近水平时，要迅速猛力挺膝，向前平踢（弹击），力达脚尖。大腿与小腿成一直线，高与腰平，左腿伸直或微屈支撑（图 6-23）。

图 6-20　里合腿一　　　图 6-21　里合腿二　　　图 6-22　弹腿一　　　图 6-23　弹腿二

10. 侧踹腿

两腿左右交叉，右腿在前，稍屈膝（图 6-24）。随即右腿伸直支撑，左腿屈膝提起，左脚内扣，脚跟用力向左侧上方踹击，高于肩，上体向右侧倾斜，眼视左侧方（图 6-25）。练习时，可左右交替进行。

图 6-24　侧踹腿一　　　　　　图 6-25　侧踹腿二

第三节　初级长拳第三路

一、初级长拳第三路简介

初级长拳第三路是原国家体育运动委员会在 20 世纪 50 年代，根据广大人民群众锻炼身体的需要而组织创编的有利于武术普及和发展的优秀武术套路。在武术运动中影响较大，有广泛的群众基础。初级长拳吸取了查、花、炮、红诸拳种之长，把长拳类型的手法、手型、步法、步型、腿法、平衡、跳跃等动作规格化，按照长拳运动方法编成各种拳械套路。

1. 运动特点

它的特点是姿势舒展大方，动作灵活快速，出手长，跳得高，蹦得远，刚柔相济，快慢相间，动迅静定，节奏分明。它的内容包括拳、掌、钩三种手型，弓、马、仆、虚、歇五种步型，还有一定数量的拳法、掌法、肘法和伸屈、直摆、扫转、击响等不同组别的腿法及平衡、跳跃、跌仆、滚翻动作。

2. 练习要求

长拳在技术上有八点要求。

① 姿势：头正，颈直，沉肩，挺胸，直腰，敛臀，上肢舒展、挺拔，下肢稳定、匀称。

② 动作：在做踢、打、摔、拿等技击动作时，起止点、路线、力点都要清晰。

③ 身法：要把躯干活动和吞、吐、闪、展、冲、撞、挤、靠等攻防变化紧密结合起来。

④ 眼法：要做到手眼相随，手到眼到，通过眼神把一招一式的内在意识充分表达出来。

⑤ 精神：要全神贯注，表现出勇敢、机敏、无所畏惧的气概。

⑥ 劲力：要有刚有柔，要刚而不僵，柔而不松，刚柔相济，发劲时有爆发力；要以意识支配动作发力，并以气息配合，做到内外合一。

⑦ 呼吸：讲究提、托、聚、沉四法。跳跃时用提法，静止性动作用托法，刚劲性动作用聚法，由高到低的动作用沉法。

⑧ 节奏性：在演练中，快与慢、动与静、刚与柔、起与伏等多种矛盾的对比越鲜明，越突出，节奏性越强。

3. 健身作用

长拳动作舒展，关节活动范围较大，对肌肉和韧带的柔韧性、弹性都有较高要求。同时，由于长拳动作大多是用大肌肉群来进行活动的，要求肌肉活动量大而且迅速，需氧量较大，因此对提高心肺功能也有良好作用。

二、动作名称

1. 预备动作

①虚步亮拳；②并步对拳。

2. 第一段

①弓步冲拳；②弹腿冲拳；③马步冲拳；④弓步冲拳；⑤弹腿冲拳；⑥大跃步前穿；⑦弓步击掌；⑧马步架掌。

3. 第二段

①虚步栽拳；②提膝穿掌；③仆步穿掌；④虚步挑掌；⑤马步击掌；⑥叉步双摆掌；⑦弓步击掌；⑧转身踢腿马步盘肘。

4. 第三段

①歇步抡箍拳；②仆步亮掌；③弓步劈拳；④换跳步弓步冲拳；⑤马步冲拳；⑥弓步下冲拳；⑦叉步亮掌侧踹腿；⑧虚步挑拳。

5. 第四段

①弓步顶肘；②转身左拍脚；③右拍脚；④腾空飞脚；⑤歇步下冲拳；⑥仆步抡劈拳；⑦提膝挑掌；⑧提膝劈掌；⑨弓步冲拳。

6. 结束动作

①虚步亮掌；②并步对拳；③还原。

三、动作说明与图示

1. 准备

两脚并步站立，两臂垂于身体两侧，五指并拢贴靠腿外侧，眼向前平视（图6-26）。

要点：头要端正，颏微收，挺胸，塌腰，收腹。

2. 预备动作［图6-27（a）、（b）］

① 右脚向右后方撤步成左弓步。右掌向右、向上、向前划弧，掌心向上；左臂屈肘，左掌提至腰侧，掌心向上。目视右掌。

② 右腿微屈，重心后移。左掌经胸前从右臂上向前穿出伸直；右臂屈肘，右掌收至腰侧，掌心向上。目视左掌。

③ 重心继续后移，左脚稍向右移，脚尖点地，成左虚步。左臂内旋向左、向后划弧成勾手，勾尖向上；右手继续向后、向右、向前上划弧，屈肘抖腕，在头部上方成亮掌（即横掌），掌心向前，掌指向左。目视左方。

要点：三个动作必须连贯。成虚步时，重心落于右腿上，右大腿与地面平行。左腿微屈，脚尖点地。

（1）虚步亮掌［图6-27（c）］

① 右腿蹬直，左腿提膝，脚尖里扣，上肢姿势不变。

② 左脚向前落步，重心前移。左臂屈肘，左勾手变掌经左肋前伸；右臂外旋向前下落于左掌右侧，两掌同高，掌心均向上。

③ 右脚向前上一步，两臂下垂后摆。

④ 左脚向右脚并步，两臂向外向上经胸前屈肘下按，两掌变拳，拳心向下，停于小腹前。目视左侧。

要点：并步后挺胸、塌腰。对拳、并步、转头要同时完成。

图6-26 准备动作

(a)　　　　(b)　　　　(c)

图6-27 预备动作

（2）并步对拳（图6-28）

① 右腿蹬直，左腿提膝，脚尖里扣，上肢姿势不变。

② 左脚向前落步，重心前移。左臂屈肘，左勾手变掌经左肋前伸；右臂外旋向前下落于左掌右侧，两掌同高，掌心均向上。

③ 右脚向前上一步，两臂下垂后摆。

④ 左脚向右脚并步，两臂向外向上经胸前屈肘下按，两掌变拳，拳心向下，停于小腹前。目视左侧。

要点：并步后挺胸、塌腰。对拳、并步、转头要同时完成。

(a)　　　　(b)　　　　(c)　　　　(d)

图6-28 并步对拳

3. 第一段

（1）弓步冲拳（图6-29）

① 左脚向左上一步，脚尖向斜前方；右腿微屈，成半马步。左臂向上向左格打，拳眼向

后，拳与肩同高；右拳收至腰侧，拳心向上。目视左拳。

② 右腿蹬直成左弓步。左拳收至腰侧，拳心向上，右拳向前冲出，高与肩平，拳眼向上。目视右拳。

要点：成弓步时，右腿充分蹬直，脚跟不要离地。冲拳时，尽量转腰顺肩。

（2）弹腿冲拳（图6-30）

重心前移至左腿，右腿屈膝提起，脚面绷直，猛力向前弹出伸直，高与腰平。右拳收至腰侧；左拳向前冲出。目视前方。

要点：支撑腿可微屈，弹出的腿要用爆发力，力点达于脚尖。

（3）马步冲拳（图6-31）

右脚向前落步，脚尖里扣，上体左转。左拳收至腰侧，两腿下蹲成马步；右拳向前冲出。目视右拳。

要点：成马步时，大腿要平，两脚平行，脚跟外蹬，挺胸、塌腰。

图6-29　弓步冲拳

图6-30　弹腿冲拳

图6-31　马步冲拳

（4）弓步冲拳（图6-32）

① 上体右转90°，右脚尖外撇向斜前方，成半马步。右臂屈肘向右格打，拳眼向后。目视右拳。

② 左腿蹬直成右弓步。右拳收至腰侧；左拳向前冲出。目视左拳。

要点：与本节的弓步冲拳相同，唯左右相反。

（5）弹腿冲拳（图6-33）

重心前移至右腿，左腿屈膝提起，脚面绷直，猛力向前弹出伸直，高与腰平。左拳收至腰侧，右拳向前冲出。目视前方。

要点：与本节的弹腿冲拳相同。

图6-32　弓步冲拳

图6-33　弹腿冲拳

（6）大跃步前穿（图6-34）

① 左腿屈膝。右拳变掌内旋，以手背向下挂至左膝外侧，上体前倾。目视右手。

② 左脚向前落步，两腿微屈。右掌继续向后挂，左拳变掌，向后向下伸直。目视右掌。

③ 右腿屈膝向前提起，左腿立即猛力蹬地向前跃出。两掌向前向上划弧摆起。目视左掌。

④ 右腿落地全蹲，左腿随即落地向前铲出成仆步。右掌变拳抱于腰侧，左掌由上向右向下划弧成立掌，停于右胸前。目视左脚。

要点：跃步要远，落地要轻，落地后立即接做下一个动作。

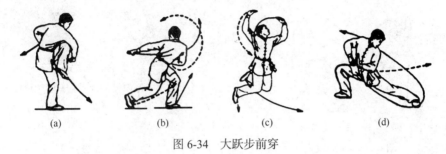

(a)　　　　　(b)　　　　　(c)　　　　　(d)

图6-34　大跃步前穿

（7）弓步击掌（图6-35）

右腿猛力蹬直成左弓步。左掌经左脚面向后划弧至身后成勾手，左臂伸直，勾尖向上，右拳由腰侧变掌向前推出，掌指向上，掌外侧向前，目视右掌。

（8）马步架掌（图6-36）

① 重心移至两腿中间，左脚脚尖里扣成马步，上体右转。右臂向左侧平摆，稍屈肘；同时左勾手变掌，由后经左腰侧从右臂内向前上穿出，掌心均朝上。目视左手。

② 右掌立于左胸前；左臂向左上屈肘抖腕亮掌于头部左上方，掌心向前。目视右方。

要点：马步同前。

图6-35　弓步击掌　　　　　(a)　　　　　(b)

图6-36　马步架掌

4. 第二段

（1）虚步栽拳（图6-37）

① 右脚蹬地，屈膝提起；左腿伸直，以前脚掌为轴向右后转体180°。右掌由左胸前向下经右腿外侧向后划弧成勾手；左臂随体转动并外旋，使掌心朝右。目视右手。

② 右脚向右落地，重心移至右腿上，下蹲成左虚步。左掌变拳下落于左膝上，拳眼向里，

拳心向后；右勾手变拳，屈肘向上架于头右上方，拳心向前。目视左方。

（2）提膝穿掌（图6-38）

① 右腿稍伸直。右拳变掌收至腰侧、掌心向上，左拳变掌由下向左向上划弧盖压于头上方，掌心向前。

② 右腿蹬直，左腿屈膝提起，脚尖内扣。右掌从腰侧经左臂内向右前上方穿出，掌心向上，左掌收至右胸前成立掌。目视右掌。

要点：支撑腿与右臂充分伸直。

(a)　　(b)

图6-37　虚步栽拳

(a)　　(b)

图6-38　提膝穿掌

（3）仆步穿掌（图6-39）

右腿全蹲，左腿向左后方铲出成左仆步。右臂不动，左掌由右胸前向下经左腿内侧向左脚面穿出。目随左掌转视。

（4）虚步挑掌（图6-40）

① 右腿蹬直，重心前移至左腿，成左弓步。右掌稍下降，左掌随重心前移向前挑起。

② 右脚向左前方上步，左腿半蹲，成右虚步。身体随上步左转180°。在右脚上步的同时，左掌由前向上向后划弧成立掌，右掌由后向下向前上挑起成立掌，指尖与眼平。目视右掌。

要点：上步要快，虚步要稳。

图6-39　仆步穿掌

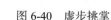

(a)　　(b)

图6-40　虚步挑掌

（5）马步击掌（图6-41）

① 右脚落实，脚尖外撇，重心稍升高并右移，左掌变拳收至腰侧；右掌俯掌向外搂手。

② 左脚向前上一步，以右脚为轴向右后转体180°，两腿下蹲成马步。左掌从右臂上成立掌向左

(a)　　(b)

图6-41　马步击掌

侧击出；右掌变拳收至腰侧。目视左掌。

要点：右手做搂手时，先使臂稍内旋、腕伸直，手掌向下向外转，接着臂外旋，掌心经下向上翻转，同时抓握成拳。收拳和击掌动作要同时进行。

（6）叉步双摆掌（图 6-42）

① 重心稍右移，同时两掌向下向右摆，立掌。目视右掌。

② 右脚向左腿后插步，前脚掌着地。两臂继续由右向上向左摆，停于身体左侧，均成立掌，右掌停于左肘窝处。目随双掌转视。

要点：两臂要划立圆，幅度要大，摆掌与后插步配合一致。

（7）弓步击掌（图 6-43）

① 两腿不动。左掌收至腰侧，掌心向上；右掌向上向右划弧，掌心向下。

② 左腿后撤一步，成右弓步。右掌向下向后伸直摆动，成勾手，勾尖向上；左掌成立掌向前推出。目视左掌。

(a)	(b)	(a)	(b)
图 6-42　叉步双摆掌		图 6-43　弓步击掌	

（8）转身踢腿马步盘肘（图 6-44）

① 两脚以前脚掌为轴向左后转体 180°。在转体的同时，左臂向上向前划半立圆，右臂向下向后划半立圆。

② 上动不停，两脚不动，右臂由后向上向前划半立圆，左臂由前向下向后划半立圆。

③ 上动不停，右臂向下成反臂勾手，勾尖向上；左臂向上成亮掌，掌心向前上方。右腿伸直，脚尖勾起，向额前踢。

(a)　　(b)　　(c)　　(d)　　(e)

图 6-44　转身踢腿马步盘肘

④ 右脚向前落地，脚尖里扣。右手不动，左臂屈肘下落至胸前，左掌心向下。目视左掌。

⑤ 上体左转 90°，两腿下蹲成马步。同时左掌向前向左平捋变拳收至腰侧，右勾手变拳，右臂伸直，由体后向右向前平摆，至体前时屈肘，肘尖向前，高与肩平，拳心向下。目视肘尖。

要点：两臂抡动时要划立圆，动作连贯。盘肘时要快速有力，右肩前顺。

5. 第三段

（1）歇步抡砸拳（图 6-45）

① 重心稍升高，右脚尖外撇。右臂由胸前向上向右抡直；左拳向下向左，使臂抡直。目视右拳。

② 上动不停，两脚以前脚掌为轴，向右后转体 180°。右臂向下向后抡摆，左臂向上向前随身体转动。

③ 紧接上动，两腿全蹲成歇步。左臂随身体下蹲向下平砸，拳心向上，臂部微屈；右臂伸直向上举起。目视左拳。

要点：抡臂动作要连贯完成，划成立圆。歇步要两腿交叉全蹲，左腿大、小腿靠紧，臂部贴于左小腿外侧，膝关节在右小腿外侧，脚跟提起，右脚尖外撇，全脚着地。

(a)　　　　　　　(b)　　　　　　　(c)

图 6-45　歇步抡砸拳

（2）仆步亮掌（图 6-46）

① 左脚由右腿后抽出前上一步，左腿蹬直，右腿半蹲，成右弓步。上体微向右转。左拳收至腰侧，右拳变掌向下经胸前向右横击掌。目视右掌。

② 右脚蹬地屈膝提起，上体右转。左拳变掌从右掌上向前穿出，掌心向上，右掌平收至左肘下。

③ 右脚向右落步，屈膝全蹲，左腿伸直，成仆步。左掌向下向后划弧成勾手，勾尖向上，右掌向右向上划弧微屈，抖腕成亮掌，掌心向前。头随右手转动，至亮掌时，目视左方。

要点：仆步时，左腿充分伸直，脚尖里扣，右腿全蹲，两脚脚掌全部着地。上体挺胸塌腰，稍左转。

(a)　　　　　　　　(b)　　　　　　　　(c)

图 6-46 仆步亮掌

（3）弓步劈拳（图 6-47）

① 右腿蹬地立起；左腿收回并向左前方上步。右掌变拳收至腰侧，左勾手变掌由下向前上经胸前向左做捋手。

② 右腿经左腿前方向左绕上一步，左腿蹬直成右弓步。左手向左平捋后再向前挥摆，虎口朝前。

③ 在左手平捋的同时，右拳向后平摆，然后再向前向上做抡劈拳，拳高与耳平，拳心向上，左掌外旋接扶右前臂。目视右拳。

要点：左右脚上步稍带弧形。

(a)　　　　　　　　(b)　　　　　　　　(c)

图 6-47 弓步劈拳

（4）换跳步弓步冲拳（图 6-48）

① 重心后移，右脚稍向后移动。右拳变掌，臂内旋以掌背向下划弧挂至右膝内侧；左掌背贴靠右肘外侧，掌指向前。目视右掌。

② 右腿自然上抬，上体稍向左扭转。右掌挂至体左侧，左掌伸向右腋下。目随右掌转视。

③ 右脚以全脚掌用力向下跺脚，与此同时，左脚急速离地抬起。右手由左向上向前捋盖而后变拳收至腰侧，左掌伸直向下、向上、向前屈肘下按，掌心向下。上体右转，目视左掌。

④ 左脚向前落步，右腿蹬直成左弓步。右拳向前冲出，拳高与肩平；左掌藏于右腋下，掌背贴靠腋窝。目视右拳。

要点：换跳步动作要连贯、协调。震脚时腿要弯曲，全脚掌着地，左脚离地不要高。

图 6-48　换跳步弓步冲拳

（5）马步冲拳（图 6-49）

上体右转 90°，重心移至两腿中间，成马步。右拳收至腰侧，左掌变拳向左冲出，拳眼向上。目视左拳。

（6）弓步下冲拳（图 6-50）

右脚蹬直，左腿弯曲，上体稍向左转，成左弓步。左拳变掌向下经体前向上架于头左上方，掌心向上，右拳自腰侧向左前斜下方冲出。目视右拳。

（7）叉步亮掌侧踹腿（图 6-51）

① 上体稍右转。左掌由头上下落于右手腕上，右拳变掌，两手交叉成十字。目视双手。

② 右脚蹬地并向左腿后插步，以前脚掌着地。左掌由体前向下向后划弧成勾手，勾尖向上，右掌由前向右向上划弧抖腕亮掌，掌心向前。目视左侧。

③ 重心移至右腿，左腿屈膝提起，向左上方猛力踹出。上肢姿势不变，目视左侧。

要点：插步时上体稍向右倾斜，腿、臂的动作要一致。侧踹高度不能低于腰，大腿内旋，着力点在脚跟。

图 6-49　马步冲拳

图 6-50　弓步下冲拳

图 6-51　叉步亮掌侧踹腿

（8）虚步挑拳（图 6-52）

① 左脚在左侧落地。右掌变拳稍后移，左勾手变拳由体后向左上挑，拳背向上。

② 上体左转 180°，微含胸前俯。左拳继续向前向上划弧上挑，右拳向下向前划弧挂至右膝外侧，同时右膝提起。目视右拳。

③ 右脚向左前方上步，脚尖点地，重心落于左脚，左腿下蹲成右虚步。左拳向后划弧收至腰侧，拳心向上，右拳向前屈臂挑出，拳眼斜向上，拳与肩同高。目视右拳。

图 6-52 虚步挑拳

6. 第四段

（1）弓步顶肘（图 6-53）

图 6-53 弓步顶肘

① 重心升高，右脚踏实。右臂内旋向下直臂划弧以拳背下挂至右膝内侧，左拳不变。目视前下方。

② 左腿蹬直，右腿屈膝上抬。左拳变掌，右拳不变，两臂向前向上划弧摆起。目随右拳转视。

③ 左脚蹬地起跳，身体腾空，两臂继续划弧至头上方。

④ 右脚先落地，右腿屈膝，左脚向前落步，以前脚掌着地。同时，两臂向右、向下屈肘停于右胸前，右拳变掌，左掌变拳。右掌心贴靠左拳面。

⑤ 左脚向左上一步，左腿屈膝，右腿蹬直成左弓步。右掌推左拳，以左肘尖向左顶出，高与肩平。目视前方。

要点：交换步时不要过高，但要快。两臂抡摆时要成圆弧。

（2）转身左拍脚（图 6-54）

① 以两脚前脚掌为轴向右后转体 180°。随着转体，右臂向上向右向下划弧抡摆，同时左拳变掌向下向后向前上抡摆。

② 左腿伸直向前上踢起，脚面绷平。左掌变拳收至腰侧，右掌由体后向上向前拍击左脚面。

要点：右掌拍脚时手掌稍横过来，拍脚要准而响亮。

（3）右拍脚（图 6-55）

① 左脚向前落地，左拳变掌向下向后摆，右掌变拳收至腰侧。

② 右腿伸直向前上踢起，脚面绷平。左拳变掌由后向上向前拍击右脚面。

要点：与本节的转身左拍脚相同。

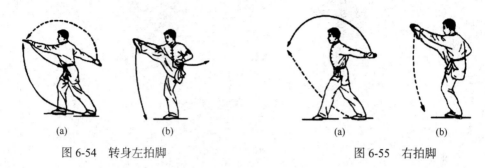

图 6-54　转身左拍脚　　　　　图 6-55　右拍脚

（4）腾空飞脚（图 6-56）

① 右脚落地。

② 左脚向前摆起，右脚猛力蹬地跳起，左腿屈膝继续前上摆。同时右拳变掌向前向上摆起，左掌先上摆而后下降拍击右掌背。

③ 右腿继续上摆，脚面绷平。右手拍击右脚面，左掌由体前向后上举。

要点：蹬地要向上，不要太向前冲，左膝尽量上提。击响要在腾空时完成，右臂伸直成水平。

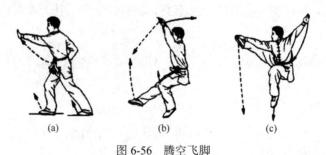

图 6-56　腾空飞脚

（5）歇步下冲拳（图 6-57）

① 左、右脚先后相继落地。左掌变拳收至腰侧。

② 身体右转 90°，两腿全蹲成歇步。右掌抓握、外旋变拳收至腰侧；左拳由腰侧向前下方冲出，拳心向下。目视左拳。

（6）仆步抡劈拳（图 6-58）

① 重心升高，右臂由腰侧向体后伸直，左臂随身体重心升高向上摆起。

② 以右脚前脚掌为轴，左腿屈膝提起，上体左转 270°。左拳由前向后下划立圆一周；右拳由后向下向前上划立圆一周。

③ 左腿向后落一步，屈膝全蹲，右腿伸直，脚尖里扣成右仆步。右拳由上向下抡劈，拳眼向上；左拳后方上举，拳眼向上。目视右拳。

要点：抡臂时一定要划立圆。

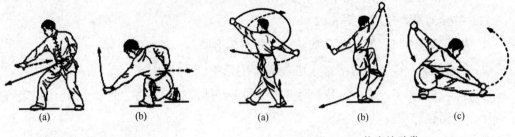

(a) (b)	(a) (b) (c)
图 6-57　歇步下冲拳	图 6-58　仆步抡劈拳

(7) 提膝挑掌（图 6-59）

① 重心前移成右弓步，同时右拳变掌由下向上抡摆，左拳变掌稍下落，右掌心向左，左掌心向右。

② 左、右臂在垂直面上由前向后各划立圆一周。右臂伸直停于头上，掌心向左，掌指向上，左臂伸直停于身后成反勾手。同时右腿屈膝提起，左腿挺膝伸直独立。目视前方。

要点：抡臂时要划立圆。

(8) 提膝劈掌［图 6-60（a）］、弓步冲拳［图 6-60（b）、（c）］

① 下肢不动。右掌由上向下猛劈伸直，停于右小腿内侧，用力点在小指一侧；左勾手变掌，屈臂向前停于右上臂内侧，掌心向左。目视右掌。

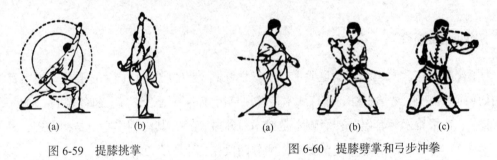

(a) (b)	(a) (b) (c)
图 6-59　提膝挑掌	图 6-60　提膝劈掌和弓步冲拳

② 右脚向右后落地；身体右转 90°。同时左掌变拳收至腰侧，右臂内旋向右划弧做劈掌。

③ 上动不停，左腿蹬直成右弓步。右手抓握变拳收至腰侧，左拳由腰侧向左前方冲出。目视左拳。

7. 结束动作

(1) 虚步亮掌（图 6-61）

① 右脚扣于左膝后，两拳变掌，两臂右上左下屈肘交叉于体左前。目视右掌。

② 右脚向右后落步，重心后移，右腿半蹲，上体稍右转。同时右掌向上、向右、向下划弧停于左腋下；左掌向左、向上划弧停于右上臂与左胸前，两掌心左下右上。目视左掌。

③ 左脚尖稍向右移，右腿下蹲成左虚步。左臂伸直向左、向后划弧成反勾手；右臂伸直向下、向右、向上划弧抖腕亮掌，掌心向前。目视左方。

（2）并步对拳、还原（图 6-62）

① 左腿后撤一步，同时两掌从两腰侧向前穿出伸直，掌心向上。

② 右腿后撤一步，同时两臂分别向体后下摆。

③ 左脚后退半步向右脚并拢。两臂由后向上经体前屈臂下按，两掌变拳，停于腹前，拳心向下，拳面相对。目视左方。

④ 还原两臂自然下垂，目视正前方。

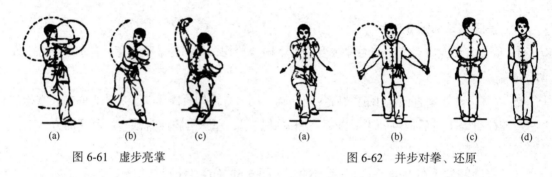

图 6-61   虚步亮掌　　　　　　　　　　　图 6-62   并步对拳、还原

(a)　　　　　(b)　　　　　(c)　　　　　　　　(a)　　　　　(b)　　　　　(c)　　　　　(d)

第四节   初级剑术

一、初级剑术简介

为了普及推广武术运动，满足武术初学者学练武术的需要，原国家体委组织有关武术专家，按照简练明确、易学易练、保持武术传统风格特点的原则，编写了初级刀术、初级剑术、初级棍术、初级枪术等套路。初级剑术是武术短器械套路，其内容丰富，结构合理，动作简单易学易练，适合初学者练习。全套动作共分四段，三十二个动作。

1. 运动特点

剑法包括刺、劈、点、撩、挑、崩、截、斩、抹、削、云、挂、架、压等。步型步法有弓步、虚步、丁步、歇步、仆步、插步、坐盘、跃步、跟步、跳步、转闪及提膝，平衡并配合剑指身法。既能单练也能对练，动作朴实，攻防含义明确。

2. 练习要求

剑术是以长拳的技术为基本规范的，又有其独特的运动特点和技法，在演练剑术时，要掌握下列技术和方法。

（1）剑法规整   剑术，是运用各种剑法，按照一定的规律组成套路形式的运动。剑法是构成功力与表现技巧的核心。不同流派的剑术套路，剑法的内容和运用，都各有所侧重。每一种剑法都有严谨的规格，必须符合攻防的法则。剑法规格是剑术技法的基本功，是提高剑术造诣的根本，它不仅要求出手、路线、部位要准确，而且要求在霎时突变间准确无误，运用自如。

（2）刚柔相兼　刚与柔是武术的劲力法则，劲力的运用往往是形成剑术流派和风格的一种因素。剑术的劲力法则应该是有刚有柔，刚柔兼备，相互运用。

有柔有刚主要是指在剑术中刚柔动作的交替变化，由此表现出锐利的攻势和洒脱的风采。刚柔兼备是指在一个剑术动作中或刚中含柔，或柔中寓刚。如穿、抹、撩、带等剑法，运行路线较长，尤能体现刚柔相兼的风格；在轻快的行步、潇洒的腾跃、闪展的避让等运动过程中，剑术劲力的运使或柔中含刚，或以柔带刚，或刚中见柔；在敏捷的出击、纵横的劈刺中还要柔而化刚，力透剑器的某一部位。

（3）把腕灵活　在剑术运动中，剑法的变化只有通过把法的变换才能实现，如螺把、钳把、刁把、满把等握剑法的运用随剑法不同而灵活变化，否则剑法就不能正确地表达。所以要求执剑手的指、掌虚实多变，手腕灵活转展，恰到分寸地把握剑器。不少腕花、剪腕花等动作，更需要指、掌的灵巧，手腕的活络。剑法的轻快、准确，很多变化又与手腕的劲力运使技巧有关，如一点一崩、一缠一截，劲力技巧在于用腕；又如挂剑时须扣腕、回身劈剑须旋腕等，都依靠手腕的灵活性，剑腕协调，达到合理地调节剑法和劲力的变化。

（4）气韵生动　气韵指的是剑术运动中的节奏、气度。剑术运动应气度宏大，洒脱自如。其动静、疾缓应富有鲜明生动的节奏变化，起承转合尤应注意韵律。剑法的刚柔、张弛、伸缩、起落，以及移步换形、招式迭逞等是构成剑术节奏的基本因素。每一剑法在演练过程中，由于受攻防战术法则的制约和引动，其身法和节奏变化，千姿百态。提高剑术技能，掌握剑术技法中的节奏，理解自然与剑法规格的内在含义，以求达到内外贯通、神形兼备、气韵生动的境界。

二、动作名称

		第一段	第二段	第三段	第四段
		①弓步直刺	①虚步平劈	①并步直刺	①弓步平劈
		②回身后劈	②弓步下劈	②弓步上挑	②回身后撩
		③弓步平抹	③带剑前点	③歇步下劈	③歇步上蹦
预备势	起势	④弓步左撩	④提膝下截	④右截腕	④弓步斜削	收势
		⑤提膝平斩	⑤提膝直刺	⑤左截腕	⑤进步左撩
		⑥回身下刺	⑥回身平崩	⑥跃步上挑	⑥进步右撩
		⑦挂剑直刺	⑦歇步下劈	⑦仆步下压	⑦坐盘反撩
		⑧虚步架剑	⑧提膝下点	⑧提膝直刺	⑧转身云剑

三、动作说明与图示

1. 预备势

身体正直，并步站立；左手持剑，手背朝前，右手握成剑指，手背朝上，两臂在体侧下垂，两肘微上提；眼向左平视（图 6-63）。

要点：上身微挺胸，收腹，两膝挺直，持剑时前臂与剑身要紧贴并垂直于地面。

图 6-63　预备势

2. 起势

（1）压把穿指

① 上身半面向右转，右脚向右上一步，成右弓步；同时，手剑指从身体右侧经胸前屈肘上举，至左肩后向前方平伸指出，拇指一侧在上；眼视剑指（图 6-64）。

② 上身右转，左手持剑由左侧直臂上举，经头部前上方向右侧划弧，至身前时，拇指一侧朝下作反臂平举；同时，右手剑指屈肘收于右腰侧，手心朝上（图 6-65）。

③ 左脚向右脚并步；左手持剑随之下落，垂于身体左侧；同时，右手剑指向右侧平伸指出，拇指一侧在上；眼视剑指（图 6-66）。

要点：动作连贯协调，眼随手动。两臂抢动划弧呈立圆。

图 6-64　压把穿指一　　　　图 6-65　压把穿指二　　　　图 6-66　压把穿指三

（2）转身平指

① 上身左转，左脚向左上一步，成左弓步；在左脚上步的同时，左手持剑屈肘经胸前向上、向前弧形绕环，平举于身体左侧（图 6-67）。

② 左腿伸直站立，右脚向前并步；左手持剑随之从身前下落，垂于身体左侧；同时，右手剑指屈肘沿右耳侧向前平伸指出，拇指一侧在上；眼视剑指（图 6-68）。

要点：身体重心前移时，右脚并步要轻盈。右手剑指向前指出时，肘要伸直，剑指尖稍高过肩。

图 6-67　转身平指一　　　　　　　图 6-68　转身平指二

（3）弓步分指

① 左手持剑由右手剑指上面向前平伸穿出，拇指一侧在下，右手剑指顺左臂下面屈肘收于左肩前，并且屈腕使手指朝上；上身右转，右脚向右侧跨步，成右弓步；眼向左平视（图 6-69）。

② 上身右转，右手剑指经身前向右侧平伸指出，拇指在上；眼视剑指（图 6-70）。

要点：成右弓步时，左腿要挺直，两脚的全脚掌均着地。上身略向前倾，挺胸，塌腰。左手持剑伸平，左肩放松，两臂朝反方向伸展。

（4）虚步接剑　右脚的前脚掌里扣，上身左转，重心落于右腿，左腿随之移回半步，成左虚步；同时，左手持剑向胸前屈肘，手心朝外，右手剑指也向胸前屈肘，手心朝里，准备接握左手之剑；眼视剑尖（图 6-71）。

要点：要虚实分明，右脚跟不能抬起。两肘要平，剑尖朝前，剑身贴紧左小臂。

图 6-69　弓步分指一　　　　图 6-70　弓步分指二　　　　图 6-71　虚步接剑

3. 第一段

（1）弓步直刺　右手接握左手之剑；左脚向前上半步，成左弓步；同时，右手持剑向身前平伸直刺，拇指一侧在上，左手成剑指随之伸向身后平举，拇指一侧在上；眼视剑尖（图 6-72）。

要点：弓步时，右脚跟不离开地面。腰要向左拧转、下塌，臀部不凸起。两肩松沉，右肩前顺，左肩后引。剑尖稍高于肩。

（2）回身后劈　左脚不动，膝部伸直，右脚向前上一步，膝略屈，上身右转；同时，左手持剑经上向后劈剑，高与肩平，拇指一侧在上，左手剑指随之由下向前上弧形绕环，在头顶上方屈肘侧举，拇指一侧在下；眼视剑尖（图 6-73）。

要点：上步、转身、平劈和剑指向上侧举，必须协调一致。转身后，腰向右拧转，左脚不移动。剑身和持剑臂必须成直线。

（3）弓步平抹　左脚向左前方上一步，成左弓步；同时，左手剑指由胸前下落，经左下向上弧形绕环，在头顶上方屈肘侧举，拇指一侧在下，右手持剑（手心转向上）随之向前平抹，剑尖稍向右斜；眼视前方（图 6-74）。

要点：抹剑时，右手心向上，剑与臂成一条直线，用力柔和。左肩向后带。

图 6-72　弓步直刺　　　　图 6-73　回身后劈　　　　图 6-74　弓步平抹

（4）弓步左撩

① 上身左转，右腿屈膝在身前提起；同时，右手持剑臂外旋使剑由前向上、向后划弧，至后方时，屈肘使手腕、前臂贴靠腹部，手心朝里，左手剑指随之由头顶上方下落，附于右手腕部（手心朝下）；眼视剑身（图 6-75）。

② 右腿继续向右前方落步，成右弓步；同时，右手持剑由后向下、向前反手撩起，小指一侧在上，左手剑指随右手运动，仍附于右手腕处；眼视剑尖（图 6-76）。

要点：整个动作连贯协调一致，弓步时，上身略向前倾，直背，收臀，剑尖稍低于剑指。

图 6-75　弓步左撩一　　　　　　　图 6-76　弓步左撩二

（5）提膝平斩　左脚向前上一步，右手手腕向左上翻转，屈肘，使剑向左平绕至头部前上方，右腿随之屈膝提起；右手继续转手腕，使剑向右平绕至右方后（手心朝上），再用力向前平斩，左手剑指由下向左、向上弧形绕环，屈肘横举于头部左上方；眼视前方（图 6-77）。

要点：剑从左向后平绕时，要挺仰头，使剑从脸部上方平绕而过。提膝时，左腿伸直，上身稍向前倾。

（6）回身下刺　右脚向前落步，上身右转；同时，右手持剑手腕反屈，向后下方直刺，剑尖低于膝，拇指一侧在上，左手剑指向前上方伸直，拇指一侧在上；眼视剑尖（图 6-78）。

要点：向前落步，身体尽量向右后拧转，剑与右臂成一条直线。

图 6-77　提膝平斩　　　　　　　图 6-78　回身下刺

（7）挂剑直刺

① 左脚向前上一步，左腿伸直站立，右腿随之在身前屈膝提起；右手持剑使剑尖向左、向上抄挂，左手剑指屈肘附于右手腕处（图6-79）。

② 接着，以左腿前脚掌碾地，上身右转；右手持剑使剑向下插，左手剑指仍附于右手腕处；眼视剑尖（图6-80）。

③ 上动不停，右脚向身后跨一大步，上身从右向后转，成右弓步；同时，右手持剑向前直刺，剑尖与肩同高，拇指一侧在上，左手剑指随之向后平伸，拇指一侧在上；眼视剑尖（图6-81）。

要点：挂剑、下插、直刺动作必须连贯，并与下肢动作协调一致，转身要快，刺剑力达剑尖。

图6-79　挂剑直刺一　　　图6-80　挂剑直刺二　　　图6-81　挂剑直刺三

（8）虚步架剑

① 右脚尖外撇，上身从右向后转，左脚向前收拢半步，两膝均略屈成交叉步；同时，右手持剑反手向后上方屈肘上架，左手剑指屈肘经左肩前附于右手腕处；眼向左平视（图6-82）。

② 右腿屈膝不动，左脚向前进一步，成左虚步；在右手持剑略向后牵引的同时，左手剑指向前平伸指出，手心朝下；眼视剑指（图6-83）。

要点：虚步必须虚实分明，剑身成立剑。

图6-82　虚步架剑一　　　　图6-83　虚步架剑二

4. 第二段

（1）虚步平劈　上身向右转，成右虚步；在转向的同时，右手持剑向下平劈，拇指一侧在上，右手剑指随即向上屈肘，手心向右上方；眼视剑尖（图6-84）。

要点：身体重心移动时，左脚尖迅速内扣，左右虚实变化要分明。劈剑时，劈剑成一直线，力达剑刃。

（2）弓步下劈   左脚随即向左前方上步，成左弓步；同时，右手持剑屈腕向左平绕，划一小圈后向前下方劈剑，剑尖高与膝平，左手剑指随之由右腋下向左、向上绕环，在头顶上方屈肘侧举，上身略前倾；眼视剑尖（图6-85）。

要点：右手绕转幅度不要过大，劈剑时，右肩前顺，左肩后引。

图6-84 虚步平劈

图6-85 弓步下劈

（3）带剑前点

① 右脚向左脚靠拢，以前脚掌虚着地面，两腿均屈膝略蹲；右手持剑向上屈腕，使剑向右耳际带回，肘微屈，左手剑指随之由前下落，附于右手腕处；眼向右前方平视（图6-86）。

② 右脚向右前方跃一步，左脚随之跟进，向右脚并步屈膝，以脚尖点地，成丁步；同时，右手持剑向前点击，拇指一侧在上，左手剑指随即屈肘向头顶上方侧举，手心朝上；眼视剑尖（图6-87）。

要点：带剑时，右手腕上挑，上体略后倾。点剑时力达剑尖，手腕略高于肩。

（4）提膝下截

① 右腿伸直，左腿退步后屈膝，上身后仰；右臂外旋手心朝上，使剑向右、向后上方弧形绕环，左手剑指不动（图6-88）。

图6-86 带剑前点一

图6-87 带剑前点二

图6-88 提膝下截一

② 上动不停，右臂内旋使手心朝下，继续使剑向左、向前下方划弧下截；同时，上身向前探倾，左腿屈膝提起；眼视剑尖（图6-89）。

要点：剑从右向左划弧下截要连贯，独立要稳，右臂与剑成一直线，剑身斜平。

（5）提膝直刺

① 左脚向前落步，脚尖外撇；右臂屈肘，将剑柄收抱于胸前，手心朝里，剑尖高与肩平，左手剑指随之下落，屈肘按于剑柄上；眼视剑尖（图6-90）。

② 右腿向身前屈膝提起，左腿伸直站立；右手持剑向前平直刺出，拇指一侧在上，同时右手剑指向后平伸指出，手心朝下；眼视剑尖（图6-91）。

要点：抱剑与落步、直刺与提膝动作必须协调一致。直刺时右肩前顺，力达剑尖。

图 6-89　提膝下截二　　　　　图 6-90　提膝直刺一　　　　　图 6-91　提膝直刺二

（6）回身平崩

① 右脚向前落步，成交叉步；右手持剑，屈肘向胸前收回，剑身与右前臂成水平直线，左手剑指，经左耳侧屈肘前落，附于右手心上面；眼视剑尖（图6-92）。

② 上身稍向右转，左腿挺膝伸直，右腿略屈膝；同时，右手持剑，使剑的前端用力向右平崩，手心仍朝上，左手剑指屈肘向额部左上方侧举；眼视剑尖（图6-93）。

要点：身体向右拧转要快速有力。收剑、崩剑要连贯，崩剑时，力达剑前半段。

（7）歇步下劈　右脚蹬地起跳，左脚向左跃步横跨一步，落地后，成歇步；在跃步的同时，右手持剑向上举起，并在形成歇步时向左下劈，左手剑指随着下劈动作，下按于右手腕上面；眼视剑身（图6-94）。

要点：成歇步时，右脚跟离地，臀部坐在右小腿上。劈剑时，剑身与地面平行。劈剑与跃步成歇步动作须同时完成。

图 6-92　回身平崩一　　　　　图 6-93　回身平崩二　　　　　图 6-94　歇步下劈

（8）提膝下点

① 两脚前脚掌碾地，上身经右、向后转动，两腿边转边站立起来；右手持剑平绕一周。当剑绕至上身左侧时，上身稍向左后仰，左手剑指离开右手腕向上屈肘侧举；眼视前下方

（图 6-95 ）。

② 上动不停，右腿伸直站立，左腿屈膝提起，上身向右侧下探俯；同时右手持剑向前下点击，拇指一侧在上；眼视剑尖（图 6-96 ）。

要点：整个动作要连贯。右腿独立时，膝部要挺直，左膝尽量上提。点剑时，右手腕要向下弯，力达剑尖。

图 6-95　提膝下点一　　　　　　　　　　　图 6-96　提膝下点二

5. 第三段

（1）并步直刺

① 上身向左后转，右脚掌碾地；同时，右臂内旋屈腕，使剑尖指向转身后的身前，左手向正前方指出，手心朝下；眼视剑指（图 6-97 ）。

② 左脚向前落步，右脚随之跟进并步，两腿均屈膝半蹲；同时，右手持剑向前平伸直刺，左手剑指顺势附于右手腕处；眼视剑尖（图 6-98 ）。

要点：身体左后转要快。并步下蹲时，大腿要平。前刺时，剑与臂成一直线，力达剑尖。

（2）弓步上挑　右脚上步，成右弓步；右手持剑直臂向上挑举，剑尖向上，手心朝左，左手剑指仍向前平伸指出，手心朝下，上身稍微前倾；眼视剑指（图 6-99 ）。

要点：两臂均应伸直，上举剑刃朝前后。

图 6-97　并步直刺一　　　　图 6-98　并步直刺二　　　　图 6-99　弓步上挑

（3）歇步下劈　左脚向前上步，屈膝全蹲，成歇步；同时，右手持剑向前下劈，拇指一侧在上，剑尖与踝关节同高，左手剑指屈肘附于右手腕里侧，上身稍前俯；眼视剑身

（图 6-100 ）。

要点：歇步时，两大腿交叉叠紧，歇步与劈剑同时完成。

（4）**右截腕**　两脚以前脚掌碾地，使上身右转，左脚前脚掌虚着地面，成左虚步；右臂内旋，右手持剑使剑的前端下刃向前上方划弧翻转，再向右后上方托起，左手剑指仍附于右手腕，两肘均微屈；眼视剑的前端（图 6-101 ）。

要点：剑刃向右上方翻转力点要明确。划弧避免过大，剑尖稍高于剑柄。

（5）**左截腕**　左脚向前上半步，上身左转，右脚随之向前上一步，两腿均屈膝，成右虚步；同时右臂外旋，使剑身的前端向左前上方划弧翻转，手心朝上，剑身与地面平行，左手剑指随之离开右手腕，屈肘向上侧举；眼视剑的前端（图 6-102 ）。

要点：同右截腕。

图 6-100　歇步下劈　　　　　图 6-101　右截腕　　　　　图 6-102　左截腕

（6）**跃步上挑**

① 左脚经身前上一步，右脚随之在身后离地，小腿后屈；同时，右臂屈肘使剑由右向上、向左划弧，右手靠近左胯旁，手心朝里，左手剑指下落附于右腕上；眼视剑尖（图 6-103 ）。

② 左脚蹬地，右脚向右侧跃步，落地后屈膝略蹲，左脚随之离地屈膝从身后伸向右侧方，形成望月式平衡，上身向左侧倾俯；在右脚跃步的同时，右手持剑由左胯旁向下、向右划弧，当剑到达右侧方时，臂外旋并向拇指一侧屈腕，使剑向上挑击，左手剑指即向左上方屈肘横举，拇指一侧在上；眼视右侧方（图 6-104 ）。

要点：跃步要腾空，落地要稳健。跃步与上挑剑协调一致，挑剑时腕部猛力上屈，剑身斜举于右侧上方。

图 6-103　跃步上挑一　　　　　　　　图 6-104　跃步上挑二

（7）仆步下压

① 右手持剑使剑尖从头上经过，经身后、向右弧形平绕，当绕至右侧时，屈肘将剑柄收抱于胸前下方，手心朝上；同时，右膝伸直，左腿屈膝提于身前，左手剑指不变（图6-105）。

② 左脚向左侧落步，成右仆步；同时，右手持剑用剑身平面向下带压，剑尖斜向右上方，左手剑指经身前下落按在右手腕上，上身前探；眼向右平视（图6-106）。

要点：仆步和压剑同时完成。上身微前探时要挺胸，两肘略屈环抱剑于身前。

（8）提膝直刺 左脚蹬地，屈膝提于身前，右腿挺直站立；同时，右手持剑向身前平伸直刺，拇指一侧在上，左手剑指屈肘在左侧上举，拇指一侧在下；眼视剑尖（图6-107）。

要点：左脚蹬地要有力，右腿独立须挺膝站稳，左膝尽量上提，脚背绷直，脚尖下垂。刺剑要有力，剑与臂成一直线，力达剑尖。

图6-105 仆步下压一　　　　图6-106 仆步下压二　　　　图6-107 提膝直刺

6. 第四段

（1）弓步平劈 上身左后转，左脚向左后侧落一大步，成左弓步；同时，右手持剑向身前平劈，剑尖略高于肩，左手剑指向右逆时针划弧一周，架于头左上方；眼视剑尖（图6-108）。

要点：转身时右脚辗转要有力，上体主动带动全身。左脚落地方向偏左前方。向前劈剑和剑指绕环，必须同时协调完成。

（2）回身后撩 右脚向前上一步，膝微屈，左脚随之离地，小腿向上弯曲；上身前俯，腰向右拧转；右手持剑向后反撩，剑尖斜向下方，拇指一侧在下，左手剑指前伸成侧上举，拇指一侧在下；眼视剑尖（图6-109）。

要点：站立要稳。后撩剑时，力达下剑刃。

图6-108 弓步平劈　　　　　　　图6-109 回身后撩

（3）**歇步上崩**　右脚蹬地，左脚向前跃步，上身随之向右后转，左脚落地，右脚在身后落步，两腿均屈膝全蹲，成歇步；同时，右手持剑直臂下压，手腕向拇指一侧上屈，使剑尖上崩，左手剑指随之屈肘在头左上方侧举，拇指一侧在下；眼视剑身（图6-110、图6-111）。

要点：跃步、歇步、崩剑三个动作要连贯协调。跃步要远，落地要轻。崩剑时，手腕快速上屈，力达剑身前半段，剑尖高于肩平。

图6-110　歇步上崩一　　　　　　　　　图6-111　歇步上崩二

（4）**弓步斜削**

① 上身右转，右脚随之向前上步，成右弓步；右手持剑臂外旋使手心朝上，左手剑指随之从身前下落，按在剑柄上，上身向右前倾；眼视前方（图6-112）。

② 右手持剑由后向前方斜面弧形上削，手心斜向上；同时，左手剑指伸向后方，拇指一侧在上；眼视剑尖（图6-113）。

要点：削剑时，力达上剑刃，右手稍低于肩，剑尖略高于头，剑指略高于肩。

图6-112　弓步斜削一　　　　　　　　　图6-113　弓步斜削二

（5）**进步左撩**

① 上身向左转，成左弓步；右手持剑使手心朝里经脸前边转身边向左划弧，剑至体前时，左手剑指附于右手腕里侧；眼视剑尖（图6-114）。

② 上身向右后转，左脚随之向前上步，以前脚掌着地面；同时右手持剑反手向下、向前向上划弧撩起，剑至前上方时，肘部略屈，剑尖高与肩平，左手剑指仍附于右手腕上；眼视剑尖（图6-115）。

要点：剑的绕环要圆活连贯，上下协调配合，剑刃绕环时始终朝前。

图 6-114　进步左撩一

图 6-115　进步左撩二

（6）进步右撩

① 右手持剑直臂向上、向右后方划弧，左手剑指随势收于右肩前；眼视剑尖（图 6-116）。

② 右脚随之向左脚前上一步，前脚掌虚着地面；同时，右手持剑由右向下、向前划弧抡臂撩起，剑尖高与头平，左手剑指随之由右肩前向下、向前、向后上方绕环，屈肘侧举于头左上方；眼视剑尖（图 6-117）。

要点：动作连贯，身、剑配合要协调。

图 6-116　进步右撩一

图 6-117　进步右撩二

（7）坐盘反撩　右脚踏实后向前上一小步，左脚从右腿后向右侧插一步，成坐盘式；同时，右手持剑向上、向左、向下、再向右上方反手绕环斜上撩，剑尖高过头顶，左手剑指随之经体前向下、向后上方划弧，屈肘横举于左耳侧，拇指一侧在上，上身向左前倾俯；眼视剑尖（图 6-118）。

要点：坐盘时，左腿外侧盘坐地面，右腿盘落于左腿上，全脚掌着地，上身倾俯时，胸要内含。剑与臂成一直线。

（8）转身云剑

① 右脚蹬地，两腿站起，上身向左后转，身体重心落于右腿；同时，右手持剑随身体转动一周后屈肘使剑平举，拇指一侧在下，左手剑指附于右腕处；眼视剑尖（图 6-119）。

② 上动不停，上身后仰，右手持剑向左、向后、向右、向前弧形绕一周，剑至身前时，右手手心朝上，松把，使剑尖下垂，左手剑指放开，拇指一侧朝上，准备接握右手之剑；此时重心前移，左脚踏实，右腿伸直，上身前倾；眼视左手（图 6-120）。

要点：转身和云剑动作要连贯，云剑时要挺胸仰头，剑身经过面前要平、要快、要圆活。

图 6-118　坐盘反撩　　　　　图 6-119　转身云剑一　　　　图 6-120　转身云剑二

7. 收势

（1）**虚步持剑**　右手将剑柄交于左手后即握成剑指，左手接剑后反握住剑柄向身体左侧下垂；此时右脚向右前方上步，脚尖里扣，屈膝略蹲，上身随之左转，左脚随之向前移步，以前脚掌虚着地面，成左虚步；在上身左转的同时，右手剑指随之由身后向上屈肘侧举于头右上方，手心朝上；眼向左平视（图 6-121）。

要点：左肘略上提，剑身紧贴前臂后侧，并与地面垂直。左手离胯约 10 厘米。

（2）**并步站立**　右腿伸直，右脚向左脚靠拢，并步站立；右手剑指下落于身体右侧，手心朝下，恢复成预备式；眼平视前方（图 6-122）。

图 6-121　虚步持剑　　　　　　　　　图 6-122　并步站立

· 第七章 ·

太 极 拳

第一节　太极拳简介

太极拳，国家级非物质文化遗产，集颐养性情、强身健体、技击对抗等多种功能为一体，是一种内外兼修、柔和、缓慢、轻灵、刚柔相济的汉族传统拳术。

传统太极拳门派众多，常见的太极拳流派有陈式、杨式、武式、吴式、孙式、和式等派别，各派既有传承关系，相互借鉴，也各有自己的特点，呈百花齐放之态。由于太极拳是近代形成的拳种，流派众多，群众基础广泛，因此成为中国武术拳种中非常具有生命力的一支。太极拳又是一项全面的系统工程，是一种具有汉族传统文化特色的综合性学科，它涉及人与社会、人与自然以及与人体本身有关的问题，包括古典文学、物理学、养生学、医学、武学、生理学、心理学、运动生物力学等。太极拳在技击上别具一格，特点鲜明。它要求以静制动，以柔克刚，避实就虚，借力发力，主张一切从客观出发，随人则活，由己则滞。"彼未动，己先动""后发先至"，将对手引进，使其失重落空，或者分散转移对方力量，乘虚而入，全力还击。太极拳的这种技击原则，体现在推手训练和套路动作要领中，不仅可以训练人的反应能力、力量和速度等身体素质，而且在攻防格斗训练中也有十分重要的意义。太极拳技击法以"引化合发"为主要技击过程。技击中，由听劲感知对方来力大小及方向，"顺其势而改其路"，将来力引化掉，再借力发力。太极拳有八种劲：掤、捋、挤、按、采、挒、肘、靠。太极拳也是一种技击术。其特点是"以柔克刚，以静待动，以圆化直，以小胜大，以弱胜强"。

太极拳动作柔和、速度较慢、拳式并不难学，而且架势的高或低、运动量的大小都可以根据个人的体质而有所不同，能适应不同年龄、体质的需要，并非年老弱者专利。无论是理论研究还是亲身实践，无论是提高技艺功夫，还是益寿养生，都能练习太极拳，并从中获取各自需要。太极拳松沉柔顺、圆活畅通、用意不用力的运动特点，既可消除练拳者原有的拙力僵劲，又可避免肌肉、关节、韧带等器官的损伤性。既可改变人的用力习惯和本能，又可避免因用力不当和呼吸不当引起的胸闷紧张、气血受阻的可能性。

第二节　二十四式简化太极拳

一、二十四式简化太极拳简介

太极拳是武术的内容之一，它是一种柔和、缓慢、轻灵的拳术。它的动作圆活并处处带有弧形，绵绵不断如行云流水。二十四式太极拳也叫简化太极拳，是现为国家体育总局于1956年组织太极拳专家汲取杨式太极拳之精华编串而成的。

1. 运动特点

① 二十四式太极拳保留了杨式太极拳的传统风格，架势开展宽大，中正安舒，轻松柔和，圆活沉稳，寓刚于柔。

② 保持了杨式太极拳的基本技法，但删去了原来传统套路中的重复动作。套路中的招式编排由简到繁，布局循序渐进，先易后难，利于学习。

③ 从外形上看，有"松、柔、圆、缓、匀"等特点。其运动特点是：心静体松、呼吸自然、轻灵沉着、圆活连贯、上下相随、虚实分明、柔中寓刚、以意导动。

2. 练习要求

太极拳是一种靠全身各部位紧密配合完成动作的健身运动，因此，要练好太极拳，就必须清楚太极拳对身体各部位姿势的要求。同时注意"心理安静""精神集中""以意识引导动作"，以达到身心合一的目的。

（1）头部　练习太极拳时，对头部姿势的要求是自然上顶，避免颈部肌肉硬直，不要东偏西歪或左右摇晃。头颈动作应随着身体位置和方向的变换，与身体躯干的旋转上下连贯协调一致。面部肌肉放松，表情自然，下颌向里收回，用鼻呼吸，口唇自然闭合。眼神要随着身体的转动，注视手指所向或平视前方，神态力求自然，注意力一定要集中，不可旁视，眼神转向何处，颈部也要随着转动，否则会影响锻炼效果。

（2）胸背　太极拳要求"含胸拔背"，即胸部肌肉自然放松微微内含，两肩松沉微向前合，不要挺胸。背部肌肉向下松沉，随着两臂伸展动作，尽量地舒展开，不要紧张，呼吸自然。

（3）腰脊　练习太极拳，对腰部的要求是松、沉、直。腰部是身体转动的关键，对全身动作的变化、调整和稳定重心起着非常重要的作用。练习时，无论进退或旋转，凡是由虚而逐渐落实的动作，腰部都要有意识地向下松垂，以助内气下沉丹田。腰部下沉时，注意身体端正腰部要直，腰腹部不可前挺或后屈，以免影响转换时的灵活性。腰部向下松沉，还可以增加两腿力量，稳固底盘，使得动作圆活连贯，并有利于深长的腹式呼吸。

（4）**臀部**　练习太极拳时要求"敛臀"，注意臀部向里收进，避免臀部凸出或左右扭动，以保持身体的中正。

（5）**腿部**　练习太极拳要求腿部动作要正确、灵活、稳当，要特别注意重心转移、脚放的位置、腿弯曲的程度、两腿的虚实变化以及整个套路动作的前后衔接。腿部活动时，总的要求是松胯、屈膝、两脚轻起轻落，使下肢动作轻、稳、进退灵便。迈步时，一条腿支撑身体的重量，稳定重心；然后另一条腿缓缓迈出，注意虚实分明，避免双腿承受身体重量。脚的起落，要轻巧灵活。前进时，脚跟先着地；后退时，脚掌先着地，然后慢慢踏实。横步时，侧出腿先落脚尖，然后脚掌、脚跟随依次落地。跟步、垫步都是先落脚尖或脚掌。蹬脚、分脚的动作，宜慢不宜快（个别动作除外），应保持身体平衡稳定。

（6）**手臂**　太极拳对手臂的要求是沉肩垂肘，使肩、肘两个相关联的关节放松。练习太极拳时，注意肩关节向下松沉，并有意识地向外伸，使手臂有回旋的余地。太极拳的手臂一伸一屈都不是平出平入、直来直往的，而是柔和有韧性地表现出来。对手的动作要求是：凡是收掌动作，手掌应微微含蓄，但不可软化、飘浮。出掌要自然，手指要舒展。拳要松握，不要太用力。手和肩的动作是完整一致的。如果手过度向前伸，就容易把臂伸直，达不到"沉肩垂肘"的要求；而过分地沉肩垂肘，忽略了手的向前伸，又容易使臂部过于弯曲。总之，动作时，臂部始终要保持一定的弧度，推掌、收掌动作都不要突然断劲，这样才能做到既有节分又能连绵不断，轻而不浮，沉而不僵，灵活自然。

二、动作名称

① 起势	⑨ 单鞭	⑰ 右下式独立
② 左右野马分鬃	⑩ 左右云手	⑱ 左右穿梭
③ 白鹤亮翅	⑪ 单鞭	⑲ 海底针
④ 左右搂膝拗步	⑫ 高探马	⑳ 闪通臂
⑤ 手挥琵琶	⑬ 右蹬脚	㉑ 转身搬拦捶
⑥ 左右倒卷肱	⑭ 双峰贯耳	㉒ 如封似闭
⑦ 左揽雀尾	⑮ 转身左蹬脚	㉓ 十字手
⑧ 右拦雀尾	⑯ 左下式独立	㉔ 收势

三、动作说明与图示

1. 起势

① 身体自然直立，两脚开立，与肩同宽，脚尖向前；两臂自然下垂，两手放在大腿外侧；眼向前平视（见图7-1）。

② 两臂慢慢向前平举，与肩同高、同宽，手心向下（见图7-2、图7-3）。

③ 两腿屈膝下蹲，同时，两掌轻轻下按置于两腹前（见图7-4）。

图 7-1 起势一　　　图 7-2 起势二　　　图 7-3 起势三　　　图 7-4 起势四

2. 左右野马分鬃

① 上体微右转，重心移到右腿上，同时，右臂收在胸前平屈，手心向下，左手经体前向右下画弧放在右手下，手心向上，两手成抱球状，左脚收到右脚内侧，脚尖点地（见图7-5、图7-6）。

② 上体微向左转，左脚向左前方迈出一步，同时，上体向左转，左右手随转体慢慢分别向左上右下分开，左手高于眼前，手心斜向上，肘微屈，右手落在右胯旁，肘微屈手心向下（见图7-7～图7-9）。

图 7-5 左右野马　　图 7-6 左右野马　　图 7-7 左右野马　　图 7-8 左右野马　　图 7-9 左右野马
　　　分鬃一　　　　　分鬃二　　　　　分鬃三　　　　　分鬃四　　　　　分鬃五

③ 上体慢后坐，身体重心移到右腿，左脚外撇约45°，随后重心移至左腿；同时，左手翻掌心向下，左臂收在胸前平屈，右手向左上画弧放在左手下，两手心相对成抱球状，右脚收到左脚内侧，脚尖点地（见图7-10～图7-12）。

④ 右脚向右前方迈出，成右弓步；同时上体右转，左右手随转体分别慢慢向左下右上分开，右手高于眼平（手心斜向上），肘微屈，左手落在左胯旁，手心向下（见图7-13、图7-14）。

图 7-10 左右野马　　图 7-11 左右野马　　图 7-12 左右野马　　图 7-13 左右野马　　图 7-14 左右野马
　　　分鬃六　　　　　分鬃七　　　　　分鬃八　　　　　分鬃九　　　　　分鬃十

⑤ 与③解同，只是左右相反（见图7-15～图7-17）。

⑥ 与④解同，只是左右相反（见图7-18、图7-19）。

图7-15　左右野马　　图7-16　左右野马　　图7-17　左右野马　　图7-18　左右野马　　图7-19　左右野马
　　分鬃十一　　　　　　分鬃十二　　　　　　分鬃十三　　　　　　分鬃十四　　　　　　分鬃十五

3. 白鹤亮翅

① 上体微向左转，左手翻掌心向下，右手向左上画弧，手心向上，与左手成抱球状（见图7-20）。

② 右脚跟进半步，上体后坐，身体重心移至右腿；左脚稍向前移，脚尖点地；同时，两手慢慢地分别向右与左下分开，右手上提停于头部右侧（偏前），手心向左后方，左手落于左胯前，手心向下（见图7-21、图7-22）。

图7-20　白鹤亮翅一　　　　图7-21　白鹤亮翅二　　　　图7-22　白鹤亮翅三

4. 左右搂膝拗步

① 右手从体前下落，由下向后上方划弧至右肩外侧，臂微屈，手与耳同高，手心向上。左手上提由左下向上、向右画弧至右胸前，手心向下；同时，上体先微向左转，再向右转。眼视右手（图7-23～图7-25）。

② 上体左转，左脚向前（偏左）迈出成左弓步。同时，右手屈肘回收由耳侧向前推出，高与鼻尖平；左手向下由左膝前落于左胯旁。眼视右手手指（见图7-26、图7-27）。

图7-23　左右搂膝　　图7-24　左右搂膝　　图7-25　左右搂膝　　图7-26　左右搂膝　　图7-27　左右搂膝
　　拗步一　　　　　　　拗步二　　　　　　　拗步三　　　　　　　拗步四　　　　　　　拗步五

③ 上体慢慢后坐，重心移至右腿上，左脚尖翘起微向外撇；随即左腿慢慢前弓，身体左转，重心移至左腿上，右脚向左脚靠拢，脚尖点地。同时，左手向外翻掌由左后向上平举，手心向上；右手随转体向上、向左下画弧落于左肩前，手心向上。眼视左手（见图 7-28～图 7-30）。

④ 与②解同，只是左右相反（图 7-31、图 7-32）。

图 7-28　左右搂膝　　图 7-29　左右搂膝　　图 7-30　左右搂膝　　图 7-31　左右搂膝　　图 7-32　左右搂膝
　　　　　拗步六　　　　　　　　拗步七　　　　　　　　拗步八　　　　　　　　拗步九　　　　　　　　拗步十

⑤ 与③解同，只是左右相反（见图 7-33～图 7-35）。

⑥ 与②解同（见图 7-36、图 7-37）。

图 7-33　左右搂膝　　图 7-34　左右搂膝　　图 7-35　左右搂膝　　图 7-36　左右搂膝　　图 7-37　左右搂膝
　　　　　拗步十一　　　　　　　拗步十二　　　　　　　拗步十三　　　　　　　拗步十四　　　　　　　拗步十五

5. 手挥琵琶

右腿跟进半步，上体后坐，身体重心移至右腿上，左脚略提起稍向前移，变成左虚步，脚跟着地，膝部微屈。同时，左手由左下向上举，高与鼻尖平，臂微屈；右手收回放在左肘里侧。眼视左手食指（见图 7-38～图 7-40）。

图 7-38　手挥琵琶一　　　　图 7-39　手挥琵琶二　　　　图 7-40　手挥琵琶三

6. 左右倒卷肱

① 右手翻掌（手心向上）经腹前由下向上方画弧平举，臂微屈；左手随之翻掌向上，左

脚跟落地，眼随着向右转体先向右看，再转看左手（见图 7-41、图 7-42 ）。

② 右臂屈肘回收，右手由耳侧向前推出，手心向前；左手回收经左肋外侧向后上画弧平举，手心向上；左手随之再翻掌向上，同时，左腿轻轻提起向左后方退一步，脚尖先着地，然后慢慢踏实，重心在左腿上，成右虚步。眼随转体左看，再转看右手（见图 7-43、图 7-44 ）。

③ 与①解同，只是左右相反（见图 7-45 ）。

图 7-41　左右倒卷肱一　　图 7-42　左右倒卷肱二　　图 7-43　左右倒卷肱三　　图 7-44　左右倒卷肱四　　图 7-45　左右倒卷肱五

④ 与②解同，只是左右相反（见图 7-46、图 7-47 ）。

⑤ 与①解同（见图 7-48 ）。

⑥ 与②解同（见图 7-49、图 7-50 ）。

图 7-46　左右倒卷肱六　　图 7-47　左右倒卷肱七　　图 7-48　左右倒卷肱八　　图 7-49　左右倒卷肱九　　图 7-50　左右倒卷肱十

⑦ 与①解同，只是左右相反（见图 7-51 ）。

⑧ 与②解同，只是左右相反（见图 7-52、图 7-53 ）。

图 7-51　左右倒卷肱十一　　　　图 7-52　左右倒卷肱十二　　　　图 7-53　左右倒卷肱十三

7. 左揽雀尾

① 上体微向右转，同时，右手随转体向后上方画弧平举，手心向上，左手放松，手心向下；眼看左手（见图 7-54 ）。

② 上体继续右转，左手自然下落，逐渐翻掌经腹前画弧至右肋前，手心向上；右臂屈肘，

手心转向下，收至右胸前，两手相对成抱球状；同时，身体重心落在右腿上，左脚收到右脚内侧，脚尖点地；眼看右手（见图7-55、图7-56）。

③ 上体微向左转，左脚向左前方迈出，上体继续向左转，右腿自然蹬直，左腿屈膝，成左弓步；同时，左臂向左前方掤出，高与肩平，手心向后；右手向右下落放于右胯旁，手心向下，指尖向前；眼看左前臂（见图7-57、图7-58）。

图7-54 左揽雀尾一　　图7-55 左揽雀尾二　　图7-56 左揽雀尾三　　图7-57 左揽雀尾四　　图7-58 左揽雀尾五

④ 上体微向左转，左手随即前伸翻掌向下；右手翻掌向上，经腹前向上、向前伸至右前臂下方；然后两手下捋，即上体向右转，两手经腹前向右后上方画弧，直至右手手心向上，高与肩齐，左臂平屈于胸前，手心向后；同时，身体重心移至右腿；眼看右手（见图7-59、图7-60）。

⑤ 上体微向左转，右臂微屈折回，右手附于左手腕里侧，上体继续左转，双手同时向前慢慢挤出，左手心向右，右手心向前，左前臂要保持半圆；同时，身体重心逐渐前移变成左弓步，眼看左手手腕部（见图7-61、图7-62）。

图7-59 左揽雀尾六　　图7-60 左揽雀尾七　　图7-61 左揽雀尾八　　图7-62 左揽雀尾九

⑥ 左手翻掌，手心向下，右手经左腕上方向前，向右伸出，高与左手齐，手心向下，两手左右分开，宽与肩同；然后右腿屈膝，上体慢慢后坐，身体重心慢慢移至右腿上，左脚尖翘起；同时，两手屈肘回收至腹前，手心均向前下方，眼看前方（见图7-63～图7-65）。

⑦ 上势不停，身体重心慢慢前移；同时，两手向前，指尖向上，掌心向外；左腿前弓成左弓步，眼向前平视（见图7-66）。

8. 右揽雀尾

① 上体后坐并向右转，身体重心移至右腿，左脚尖里扣；右手向右平行画弧至右侧，然后由右下经腹前向左上画弧至左肋前，手心向上，左臂平屈胸前，左手掌向下与右手成抱球

状；同时，身体重心再移至左腿上，右脚收至左脚内侧；脚尖点地，眼看左手（见图 7-67～图 7-70）。

图 7-63　左揽雀尾十　　　图 7-64　左揽雀尾十一　　图 7-65　左揽雀尾十二　　图 7-66　左揽雀尾十三

图 7-67　右揽雀尾一　　　图 7-68　右揽雀尾二　　　图 7-69　右揽雀尾三　　　图 7-70　右揽雀尾四

② 同"左揽雀尾"③解，只是左右相反（见图 7-71、图 7-72）。

③ 同"左揽雀尾"④解，只是左右相反（见图 7-73、图 7-74）。

图 7-71　右揽雀尾五　　　图 7-72　右揽雀尾六　　　图 7-73　右揽雀尾七　　　图 7-74　右揽雀尾八

④ 同"左揽雀尾"⑤解，只是左右相反（见图 7-75、图 7-76）。

图 7-75　右揽雀尾九　　　　　图 7-76　右揽雀尾十　　　　　图 7-77　右揽雀尾十一

⑤ 同"左揽雀尾"⑥解，只是左右相反（见图 7-77～图 7-79）。

⑥ 同"左揽雀尾"⑦解，只是左右相反（见图 7-80）。

图 7-78 右揽雀尾十二　　图 7-79 右揽雀尾十三　　图 7-80 右揽雀尾十四

9. 单鞭（一）

① 上体后坐，身体重心逐渐移至左脚上，右脚尖里扣；同时上体左转，两手（左高右低）向左画弧直至左臂平举，伸于身体左侧，手心向左，右手经腹前运至右肋前，手心向后上方；眼看左手（见图 7-81、图 7-82）。

② 身体重心再渐渐移至右腿上，上体右转，左脚向右脚靠拢，脚尖点地；同时，右手向右上方画弧（手心由里转向外），至右斜前方时变勾手，略高于肩；左手向下经腹前向右上画弧停于右肩前，手心向里；眼看左手（见图 7-83、图 7-84）。

图 7-81 单鞭一　　图 7-82 单鞭二　　图 7-83 单鞭三　　图 7-84 单鞭四

③ 上体微向左转，左脚向左前侧方迈出，右脚跟后蹬，成弓步；在身体重心移向左腿的同时，左掌随上体继续左转慢慢翻转向前推出，手心向前，手指与眼齐平，臂微屈，眼看左手（见图 7-85、图 7-86）。

图 7-85 单鞭五　　图 7-86 单鞭六

10. 云手

① 身体重心移至右腿上，身体渐向右转，左脚尖里扣，左手经腹前向右上画弧至右肩前，手心斜向后，同时右手变掌，手心向右前，眼看左手（见图 7-87～图 7-89）。

② 上体慢慢左转，身体重心随之逐渐左移，左手由脸前向左侧运转，手心渐渐向左方，右手由右下经腹前向左上画弧至左肩前，手心斜向后；同时右脚靠近左脚，成小开步；眼看

右手（见图 7-90、图 7-91）。

图 7-87 云手一　　图 7-88 云手二　　图 7-89 云手三　　图 7-90 云手四　　图 7-91 云手五

③ 上体再向右移，同时，左手往腹前向右上画弧至右肩前，手心斜向后；右手向右侧运转，手心翻转向右，随之左腿向左横跨一步，眼看左手（见图 7-92～图 7-94）。

④ 同②解（见图 7-95、图 7-96）。

图 7-92 云手六　　图 7-93 云手七　　图 7-94 云手八　　图 7-95 云手九　　图 7-96 云手十

⑤ 同③解（见图 7-97～图 7-99）。

⑥ 同②解（见图 7-100、图 7-101）。

图 7-97 云手十一　　图 7-98 云手十二　　图 7-99 云手十三　　图 7-100 云手十四　　图 7-101 云手十五

11. 单鞭（二）

单鞭：动作分解：转体扣脚云手、勾手收脚、转体迈步、弓步推掌。见图 7-102～图 7-106。

图 7-102 单鞭七　　图 7-103 单鞭八　　图 7-104 单鞭九　　图 7-105 单鞭十　　图 7-106 单鞭十一

12. 高探马

① 右脚跟进半步，身体重心逐渐后移至右腿上；右勾手变成掌，两手心翻转向上，两肘微屈，同时，身体微向右转，左脚跟渐渐离地，眼看左前方（见图 7-107）。

② 上体微向左转，面向前方，右掌经右耳旁向前推出，手心向前，手指与眼齐高，左手收至左侧腰前，手心向上，同时，左脚微向前移，脚尖点地，成左虚步；眼看右手（见图 7-108）。

图 7-107 高探马一

图 7-108 高探马二

13. 右蹬脚

① 左手手心向上，前伸至右手腕背面，两手相互交叉，随即向两侧分开向下画弧，手心斜向下；同时，左脚提起向左前侧方进步，身体重心前移，右脚自然蹬直，成左弓步；眼看前方（见图 7-109～图 7-111）。

图 7-109 右蹬脚一

图 7-110 右蹬脚二

图 7-111 右蹬脚三

② 两手由外圆向里圆画弧，两手交叉合抱于胸前，右手在外，手心均向后；同时，右脚向左脚靠拢，脚尖点地；眼平看右前方（见图 7-112）。

③ 两臂左右画弧分开平举，肘部微屈，手心均向外，同时，右腿屈膝提起，右脚向右前方慢慢蹬出，眼看右手（见图 7-113、图 7-114）。

图 7-112 右蹬脚四

图 7-113 右蹬脚五

图 7-114 右蹬脚六

14. 双峰贯耳

① 右腿收回，屈膝平举，左手由后向右前方下落至体前，两手心均翻转向上；两手同时向下画弧分落于右膝盖两侧，眼看前方（见图 7-115、图 7-116）。

② 右脚向右前方落下，身体重心逐渐前移成右弓步，面向右前方；同时两手下落，慢慢变拳，分别从两侧向上向前画弧至面部前方，成钳形状，两拳相对，高与耳齐，拳眼都斜向内，眼看右拳（见图 7-117、图 7-118）。

图 7-115　双峰贯耳一　　图 7-116　双峰贯耳二　　图 7-117　双峰贯耳三　　图 7-118　双峰贯耳四

15. 转身左蹬脚

① 左腿屈膝后坐，身体重心移至左腿，上体左转，右脚尖里扣；同时两拳变掌，由上向左右画弧分开平举，手心向前；眼看左手（见图 7-119、图 7-120）。

图 7-119　转身左蹬脚一　　　　　　图 7-120　转身左蹬脚二

② 身体重心再移至右腿，左脚收到右脚内侧，脚尖点地；同时，两手由外圈向里圈画弧合于胸前，左手在外，手心均向后，眼平看左方（图 7-121、图 7-122）。

③ 两臂左右画弧分开平举，肘部微屈，手心均向外，同时，左腿屈膝提起左脚向左前方慢慢蹬出，眼看左手（见图 7-123、图 7-124）。

图 7-121　转身左蹬脚三　　图 7-122　转身左蹬脚四　　图 7-123　转身左蹬脚五　　图 7-124　转身左蹬脚六

16. 左下势独立

① 左腿收回平屈，上体右转，右掌变成勾手，左掌向上，向右下画弧下落，立于右肩前，掌心斜向后，眼看右手（见图 7-125、图 7-126）。

② 右腿慢慢屈膝下蹲，左腿由内向侧（偏后）伸出，成左仆步，左手下落（掌心向外）向左下顺左腿内侧向前穿出，眼看左手（见图 7-127、图 7-128）。

图 7-125　左下势　　　图 7-126　左下势　　　图 7-127　左下势　　　图 7-128　左下势
　　独立一　　　　　　　独立二　　　　　　　独立三　　　　　　　独立四

③ 身体重心前移，以左脚跟为轴，脚尖尽量向外撇，左腿前弓，右腿后蹬，右脚尖里扣，上体微向左转体向前起身；同时，左臂继续向前伸出；掌心向右，右勾手下落，勾尖向上；眼看左手（见图 7-129）。

④ 右腿慢慢提起平屈，成左独立步；同时右勾手变掌，并由后下方顺右腿外侧向前弧形提起，屈臂停靠于右腿上方，肘与膝相对，手心向左，左手落于左胯旁，手心向下，指尖向前，眼看右手（见图 7-130、图 7-131）。

图 7-129　左下势独立五　　　图 7-130　左下势独立六　　　图 7-131　左下势独立七

17. 右下势独立

① 右脚下落于左脚前，脚掌着地，然后以左脚前掌为轴脚跟转动，身体随之左转，同时，左手向后平举变成勾手，右掌随着转体向左侧画弧，立于左肩前，掌心斜向后，眼看左手（见图 7-132、图 7-133）。

② 同"左下势独立"②解，只是左右相反（见图 7-134）。

③ 同"左下势独立"③解，只是左右相反（见图 7-135）。

④ 同"左下势独立"④解，只是左右相反（见图 7-136、图 7-137）。

图 7-132　右下势独立一　　　　图 7-133　右下势独立二　　　　图 7-134　右下势独立三

图 7-135　右下势独立四　　　　图 7-136　右下势独立五　　　　图 7-137　右下势独立六

18. 左右穿梭

① 身体微向左转，左脚向前方落步，脚尖外撇，右脚跟离地，两腿屈膝成半坐盘式；同时，两手在左胸前成抱球状（左上右下），然后右脚收到左脚的内侧，脚尖点地；眼看左前方（见图 7-138～图 7-140）。

图 7-138　左右穿梭一　　　　图 7-139　左右穿梭二　　　　图 7-140　左右穿梭三

② 身体右转，右脚向前方迈出，屈膝弓腿，成右弓步；同时，右手由膝前向上举并翻掌停在右额前，手心斜向上；左手先向左下再经体前向前推出，高与鼻尖平，手心向前，眼看左手（见图 7-141～图 7-143）。

图 7-141　左右穿梭四　　　　图 7-142　左右穿梭五　　　　图 7-143　左右穿梭六

③ 身体重心略向后移，右脚尖稍向外撇，随即身体重心再移至右腿，左脚跟进，停于右脚内侧，脚尖点地；同时，两手在右胸前成抱球状（右上左下），眼看右前臂（见图 7-144、图 7-145）。

④ 同②解，只是左右相反（见图 7-146～图 7-148）。

图 7-144 左右
穿梭七　　　　图 7-145 左右
穿梭八　　　　图 7-146 左右
穿梭九　　　　图 7-147 左右
穿梭十　　　　图 7-148 左右
穿梭十一

19. 海底针

右脚向前跟进半步，身体重心移至右腿，左脚稍向前移，脚尖点地，成左虚步；同时，身体稍向右转，右手下落往体前向后，向上提到肩上耳旁，再随身体左转，从右耳旁斜向前下方插出，掌心向左，指尖斜向下；与此同时，左手向前，向下画弧落于左胯旁，手心向下，指尖向前；眼看前下方（见图 7-149、图 7-150）。

20. 闪通臂

上体稍向右转，左脚向前迈出，屈膝弓腿成左弓步；同时，右手由体前上提，屈臂上举，停于右额前上方，掌心翻转斜向上，拇指朝下；左手上提经胸前向前推出，高与鼻尖平，手心向前；眼看左手（见图 7-151～图 7-153）。

图 7-149 海底针
一　　　　图 7-150 海底针
二　　　　图 7-151 闪通臂
一　　　　图 7-152 闪通臂
二　　　　图 7-153 闪通臂
三

21. 转身搬拦捶

① 上体后坐，身体重心移至右腿上，右脚尖里扣，身体向右后转，然后身体重心再移至左腿上；与此同时，右手随着转体向右，向下（变拳）往腹前画弧到左肋旁，拳心向下；左掌上举于额前，掌心斜向上；眼看前方（图 7-154～图 7-156）。

② 向右转体，右拳往胸前向前翻转出，拳心向上；左手落于左胯旁，掌心向下，指尖向前；同时，右脚收回后即向前迈出，脚尖外撇；眼看右拳（图 7-157）。

③ 身体重心移至右腿上，左脚向前迈一步；左手往左侧向前上画弧拦出，掌心向前下方；同时，右拳向右画弧收到右腰旁，拳心向上，眼看左手（见图 7-158）。

图 7-154 转身搬　　图 7-155 转身搬　　图 7-156 转身搬　　图 7-157 转身搬　　图 7-158 转身搬
　　拦捶一　　　　　　拦捶二　　　　　　拦捶三　　　　　　拦捶四　　　　　　拦捶五

④ 左腿前弓成左弓步；同时右拳向前打出，拳眼向上，高与胸平，左手附于右前臂里侧；眼看右拳（见图 7-159）。

22. 如封似闭

① 左手由右腕下向前伸出，右拳变掌，两手手心逐渐翻转向上并慢慢分开回收；同时身体后坐，左脚尖翘起，身体重心移到右腿；眼看前方（见图 7-160）。

② 两手在胸前向内翻掌，向下往腹前再向上，向前推出，腕与肩平，手心向前；同时，左腿前弓成左弓步，眼看前方（见图 7-161～图 7-163）。

图 7-159 转身搬　　图 7-160 如封似　　图 7-161 如封似　　图 7-162 如封似　　图 7-163 如封似
　　拦捶六　　　　　　闭一　　　　　　　闭二　　　　　　　闭三　　　　　　　闭四

23. 十字手

① 屈膝后坐，身体重心移向右腿，左脚尖里扣，向右转体；右手随着转体动作向右摆画弧，与左手成两臂侧平举，掌心向前，肘部微屈；同时，右脚尖随着转体稍向外撇，成右侧弓步；眼看右手（见图 7-164、图 7-165）。

② 身体重心慢慢移至左腿，右脚尖里扣，随即向左收回，两脚距离与肩同宽，两腿逐渐蹬直，成开立步；同时，两手向下经腹前向上画弧交叉合抱于胸前，两臂撑圆，腕高与肩平，右手在外，成十字手，手心均向后；眼看前方（见图 7-166、图 7-167）。

图 7-164 十字手一　　图 7-165 十字手二　　图 7-166 十字手三　　图 7-167 十字手四

24. 收势

两手向内翻掌，手心向下，两臂慢慢下落，停于身体两侧，眼看前方（见图 7-168～图 7-170）。

图 7-168 收势一　　　　图 7-169 收势二　　　　图 7-170 收势三

四、太极拳比赛的简要规则

① 比赛裁判组成员为裁判长 1 人，副裁判长 1 人，裁判 5 人，计时、记分员 1 人，套路检查员 1 人；运动员结束套路演练后，5 名裁判亮分，去除最高分和最低分，取中间三个分数的平均值，即为该运动员的应得分。

② 完成一套太极拳演练，时间为 5～6 分钟，到 5 分钟时，裁判长应鸣哨示意，时间不足或超时均会被扣分。

③ 比赛规定套路时，运动员的动作应与规定动作相符；比赛自选套路时，整个套路至少要包括 4 种腿法和 6 种不同组别的动作。

④ 太极拳的评分标准总分为 10 分，其中动作规格的分值为 6 分，即对手型、步型、手法、步法、身法、腿法等方面的要求；劲力、协调的分值为 2 分，即对运劲顺达、沉稳准确、连贯圆活、手眼身法步协调等方面的要求；精神、速度、风格、内容、结构、布局的分值为 2 分，即对意识集中、精神饱满、神态自然、内容充实、速度适中、结构合理、布局匀称等方面的要求。

另外，在观看运动员比赛时，应注意拳架的高低（显示练习者功底是否深厚），动作是否符合规格，重心是否有起伏，是否有断劲现象等，这样才能真正做到"内行看门道"。

［1］宋永红. 新编体育与健康. 长春：吉林大学出版社，2016.

［2］张瑞林. 体育保健与康复. 北京：高等教育出版社，2005.

［3］杨克新. 健康气功全书. 天津：天津科技出版社，2014.

［4］国家体育总局健身气功管理中心. 健身气功八段锦. 北京：人民体育出版社，2018.

［5］文超. 田径运动高级教程. 北京：人民体育出版社，2018.

［6］施之皓. 现代乒乓球运动教程：基本理论与技战术. 北京：高等教育出版社，2018.

［7］中国乒乓球协会. 中国乒乓球队发展史. 中国乒乓球协会官网.［2022-5-31］.https://www.ctta.cn/zlk/2016/
0728/122598.html.

［8］郭传光. 陈氏太极拳简易24式. 成都：成都时代出版社，2010.

［9］宋鸽，张钰. 极限飞盘. 大连：大连理工大学出版社，2016.

［10］杨丽，侯惠如，石海燕. 健康体检与健康管理. 北京：科学出版社，2021.